JN022782

THE STORY OF LOVE

ザ ストーリー オブ ラブ

ウェディングに恋をした7人の物語

株式会社クリスタルインターナショナル・著

発行：ダイヤモンド・ビジネス企画　発売：ダイヤモンド社

ウェディングに
恋する者たちのステージは
そっと静かに、
優しい時の中で
そのスタートを待っている

Menu

それは、時に荘厳に、時に華やかに、
「心に秘めた大切な想い」を伝えるために
すべてが誂《あつら》えられた特別な時間

はじめに

皆さんは、湘南という言葉にどのようなイメージをおもちでしょうか？　海や潮風のイメージがあると答える方が多いかもしれませんね。

私は神奈川県藤沢市出身です。この地で生まれ、大学までの時間を過ごしてきました。だからこそ強い思い入れがあります。

私が子どもだった頃、湘南はどんどん姿を変えて商業の中心地へと発展していきました。たくさんのお店やホテルができて観光客も増え、経済的にも発展したように思います。

ですが社会人になり、東京に出て働くようになってから、あることに気付きました。それは、藤沢に住む人たちは結婚式や大切なお客様との会食は藤沢では行なわず、なぜか東京で行なっているということです。そういった藤沢に住む人たちを見ているうちに郷土愛に火がつき、この地域でも結婚式を挙げたいと思えるような素敵な場所や、大切なお客様だからこそ地元の藤沢で食事をしたいと思えるような素敵な場所をつくりたいと強く思ったのです。

それが、現在のクリスタルインターナショナルの始まりです。

クリスタルインターナショナルは初め、この街のコミュニティーホテルという位置付けでした。地域の人たちのお祝い事やパーティーをするときに選べるような場と言ってもいいかもしれません。

ただこの地にホテルをつくるのであれば、「藤沢だからこんなものだよね」と言われるようなホテルではいけません。東京や横浜にあるホテルと比べても遜色なく、選択肢の一つに入れていただけるようなホテルをつくりたいと思いました。その上でこだわったのが、設備や料理、サービスです。

ホテル内にあるものはすべて一流のものを揃え、料理もサービスも一流と言われる人たちに行なってもらいました。ホテルを彩る花も、フラワーコーディネーターが最高の品質にこだわって仕上げたものだけを飾っています。

こうしてできたホテルは徐々に認知度が上がっていきました。その次に私が目を留めたのがブライダル業界です。

今のクリスタルインターナショナルを知っている人からすると、弊社は初めからブライダル事業を行なっていたように思われることがあるのですが、実はホテル事業を始めてから2年後にブライダル事業に乗り出したというのが本当のところです。

とはいえ、ブライダル業界に参画しようと考えたところで、私には経験がなかったため、いろいろな人たちに話を聞きに行きました。各業界のトップを走っている方や、ニッチな施策ではあるものの、一定の層に刺さるような経営をしている方々に相談をし、どうすれば新郎新婦が本当に心から喜びを感じられるような時間を提供できるのかを徹底的に研究しました。すると、ホテルの経営をしていたときと同じで、本物にこだわることが何よりもお客様のためになるという結論に至ったのです。

クリスタルインターナショナルは、細かなところから大きなところまで、私を含めこれまで関わってきたスタッフのこだわりや、お客様の夢や憧れが集約されて成り立っています。これからは関わっていくスタッフも増えますし、これから弊社で式を挙げる人も増えるでしょう。ということは、その人数が増えれば増えるほどこだわりが増えていき、完結した姿というものは存在しないということになります。

5年先、10年先はどんな姿になっているのかは、私でもわからないというのが正直なところです。もちろん、こうしていきたいという方針はありますが、そのさらに先に進んでいる可能性もあるというのが面白いと思いませんか？

今回のこの書籍では、クリスタルインターナショナルのありのままの姿について紹介させてもらっています。まずはこれまで弊社の中で起こった物語に目を通していただきたいと思います。ブライダル業界は、本当にいろいろなことが起きます。立場が違えば、見える角度も変わってくるというのも面白いところでしょう。

この本をきっかけに、少しでもブライダル業界に興味をもっていただければと思います。

2020年　3月

代表取締役社長　田村龍也

第4章

第5章

第 1 章

家族に戻れた結婚式
——母と娘の深い愛

カサ・デ・アンジェラ馬車道
村上瑛麻

このお話は、私がプロデュースした結婚式の中でもっとも記憶に残っているご新郎ご新婦様のお話である。頑なにご両親を拒絶していたご新婦様が、心を開き12年ぶりに再会し、結婚式をきっかけに再び親子となった。結婚式は新郎新婦のためのものだが、そのご家族のためのものでもある、と私は強く思っている。

見えないバージンロード

秋から冬に移り変わり、日に日に寒さが増していく。私はブライダルコーディネーターと、ある新郎新婦様の引き継ぎを行なった。引継書には気になる一文が書かれていた。

『ご両親はいません。結婚式には列席しません』

さらに引継書には『バージンロードをどなたと歩きたいですか？』という質問欄もあるのだが、そこは空欄になっていた。

（……なるほど）

私は引継書の内容を頭に入れて、「カサ・デ・アンジェラ馬車道」の入り口で新郎新婦である石井湊様と星沙織様を待っていた。これからお二人と1回目の打ち合わせがある。結婚式は1年半後のため、打ち合わせはじっくりできると思っていた。

しばらくすると、打ち合わせ時間ぴったりにお二人が現れた。私は挨拶をして、さっそくお二人を打ち合わせスペースへと案内したのだった。


お二人に対する最初の印象は、とても明るく笑顔の多い新郎新婦というものだった。打ち合わせも初回ということで、馴《な》れ初《そ》めや趣味嗜好などを聞いていたのだが、話しをしているうちに、少し疑問に感じるところもあった。時々沙織様の話に、自分を卑下する言葉が出てくるのだ。

「私なんてね、どうせ何をやってもダメなんですよ！　まぁ、私がこんなだから仕方がないんですけどね。あははは」

「私なんて」という言葉が少し引っかかっていた。引継書に書かれていた家庭の事情に原因があるように感じたが、それは1回目の打ち合わせの時に話すことでもないと、私は思った。

（これから時間をかけて話ができればいいし）

そう思いながらお二人の話を聞いていると、石井様が急に思い出したかのように話し始めた。

「そう今回の結婚も、僕の家族はとても喜んでくれていて」

「あら、そうなんですか？」

「ええ、特に母親は沙織のことをとっても気に入ってくれてるんですよ。なっ」

「うん……うちとは大違いだよね」

これまで明るかった沙織様の表情に、少しだけ陰が入った気がした。家族の話をするのはまだ早いと思っていたが、この流れであれば質問しても不自然ではないと考えた。

「沙織様のご家庭は、どんな雰囲気なんですか？」

「……私ですか？　そうですね。私、妹とはとっても仲がいいんですよ」

「そうなんですね。結婚のことはもう？」

「はい。自分のことのように喜んでくれて……。湊とも本当の兄妹みたいに仲もいいし。実は今、私と湊と妹の三人で暮らしているんです」

「そうなんですね」

沙織様はまた明るい表情になり、妹のことを色々と話をしてくれる。本当に仲のいい姉妹なのだろう。

新郎様の隠れた想い

しばらくして、沙織様が少し離席して私は石井様と二人だけになった。

「……話しづらかったらいいのですが、星様はご両親とは会っていないのでしょうか？」

「やっぱり気になりますよね。僕もちゃんとは聞けていないんですが、もう何年も前から連絡を取っていないみたいです。両親が離婚して、父親と少しの間一緒に住んでいたみたいなのですが……」

沙織様と一緒にいたときの朗《ほが》らかな雰囲気とは違うため、石井様も何か彼女のためにしてあげたいという思いがあるのかもしれない。

「ありがとうございます。お話しいただいて」

「いいえ、とんでもない。沙織には直接聞きづらいことだと思いますし。それに、その……今は疎遠になっている両親ですが、沙織は本当は両親を結婚式に呼びたいと思っているんじゃないかって、思っていて」

「結婚式に？」

「そんなことを僕が思っていても、しょうがないとは思いますが」

「石井様……」

沙織様が打ち合わせスペースに戻ってきたので、ご両親の話しを止めて、中断していた打ち合わせを続けた。

親子を隔てる深い溝

石井様と沙織様の２回目の打ち合わせの日がやってきた。今日は沙織様にご親族の列席者についてお伺いするつもりだ。

「……というのが結婚式当日の流れになります」

結婚式について一通りの説明を行なうと、お二人は少し感動しているようだった。これまで結婚式に参列したことがあっても、新郎新婦側に立たなければ、当日どれだけのことを行なうのか把握することはできない。多くの新郎新婦が感心する場面でもある。

「結構忙しそうね」

「本当だね」

お二人の雰囲気が和《なご》やかになったところで、私は、さっそく切り出すことにした。

「ところで、ご親族様は誰をお呼びになりますか？」

私の質問に、沙織様の表情が固まる。石井様はその様子を横目で見ながら先に答えた。

「僕は両親と兄弟、従妹と伯父叔母ですかね」

「星様は？」

私と石井様は、沙織様をじっと見つめる。彼女はうつむいていた顔を上げて、悲しそうな表情で微笑んでいた。

「いや、うちはいいです」

「どなたも呼ばれないんですか？」

私の言葉に沙織様は少し考え込んでいる。間をおいて、私にこう答えた。

「いいえ、妹は呼びたいです。あと、バージンロードを一人で歩いて、妹にベールダウンをしてもらってもいいでしょうか？」

「……そうですね」

ここで家族を呼びましょうと伝えるのは違うような気がして、私は話を終わらせた。

幸せな結婚式に欠かせないもの

３回目の打ち合わせでは、招待状について話し合った。私は、もう一度ご両親について伺おうと試みたが、「いや、いいです。もし来ても、気まずい雰囲気になってしまうと申し訳ないですし」と断られてしまった。自分のせいで結婚式を台無しにしてしまうのが怖い、それが彼女の本音なのだろうと思った。それでも、沙織様にとって幸せな結婚式をするには、ご両親にご列席いただかなければならないと私は感じていた。

４回目の打ち合わせの日。私は、お二人が来館される前からご両親の話をすることに決めていた。

「前回は招待状についてお話ししましたが、星様にどうしても考え直してほしいことがありまして」

沙織様は何を言われるのか察しているのか、肩に力が入っているように見えた。それでも私は、沙織様が後悔するような結婚式にしてほしくない。彼女を真っすぐに見つめて話し始める。

「失礼を承知で申し上げます。何度もお伝えしていますが、私はやはり星様のご両親にも招待状をお送りし、結婚式にご列席いただいたほうがいいと思います。ご家庭の事情はあると思うのですが……。星様も本当は――」

私は、言葉を止めた。星様が突然泣き始めたからだ。

「うっ……」

慌てて慰める言葉を探していたが、石井様がそっと彼女の肩を抱いたのを見て、彼女が落ち着くのを待つことにした。沙織様を泣かせてしまったのは、私が彼女の苦しみに踏み込み過ぎたからだ。誠心誠意謝ろうと覚悟を決めた。だが……。

「ありがとうございます……」

沙織様から言われた言葉は、私が想像していた言葉とはまったく違っていた。

「私には両親に来てもらう資格なんてないって思っていました。……でも、本当は来てほしいんです。お母さんにベールダウンをしてもらって、お父さんとバージンロードを歩きたい……。お父さんとお母さんにそうしてほしいんです……！」

そう言うと、沙織様はまた大きな声で泣き始めた。私はようやく彼女の本音を聞いた気がして、嬉しくなった。

届かない母への想い

「母の居所がわかりました」

打ち合わせ室にご案内すると、沙織様が開口一番にそう言った。10年以上も連絡を取り合っておらず、母親に関しては住んでいる場所も知らないと聞いていたので、驚いた。

「よかったですね！　お近くに住んでいたんですか？」

「えぇ、県内に住んでいたんです」

そう話す沙織様の表情は少し硬い。私は喜んで良いものかわからず、声のトーンを抑えることに努めた。

「それで、会いに行かれたのですか？」

沙織様は、石井様を見てから私を見た。

「……まだです。でも行ってみようと思います」

沙織様の目には強い覚悟のようなものが見え、私は静かに力強くうなずいた。

季節は、間もなく秋になろうとしていた。

「今月も会えませんでした」

母親の居所がわかってからは、打ち合わせの度に今月はどうだったという報告をしてくださるようになっていた。ただ、いつも母親に会えないという状況が続いている。

「母親は祖母と住んでいるだけではなく、母親の弟とも一緒に住んでいるようで、その叔父から電話があったんです」

母親の家を訪ねる度に、沙織様は連絡先を書いた手紙を郵便受けに入れていると言っていたので、それを見て連絡をしてきたのだろう。

「それで、何と言われたんですか？」

沙織様の落ち込み具合から見て、あまりいい話ではないと思ったが、聞かなければいけないと思った。

「こういうことをするんじゃないって怒られました……」

沙織様はそう言うと、両手を頬に当てて首を大きく横に振る。

「私もう、嫌です。あんな場所に行きたくない。やっぱり無理なんですよ、私なんかが母親に会えるはずないんです！」

返す言葉はもう決まっていた。

「そんなことはありません。私も一緒に行きますから。もう一度行ってみましょう」

沙織様は顔を上げると、私をじっと見つめてから静かにうなずいた。

お母さんへ宛てた手紙

最寄り駅で待ち合わせをして、私と沙織様は母親の家へ歩いて向かった。10分ほどで到着すると、沙織様は慣れた手つきでインターフォンを鳴らす。だが、誰かが出てくることはなく、家は静まり返っていた。

「ほら、誰もいないんです。いつもこうで……」

「大丈夫です。必ず会えますから。ここでしばらく待ちましょう」

「……はい」


その後、私と沙織様は結婚式について話しをしながら2～3時間ほど家の前にいたが、誰かが姿を現すことはなかった。

「すみません。せっかく来ていただいたのに」

「いいえ。私は、続けていれば必ずお母様に会えるって信じていますから」

「……村上さん。ありがとうございます」

沙織様はそう言うと、カバンの中から便箋を取り出して、その場で手紙を書き始めた。いつもこうやって手紙を書いているのだろうか。手紙には「お母さんへ」と書かれていた。最後には連絡先を書いて、「連絡を待っています」と一言添えられている。郵便受けに入れると、私と沙織様はその場を後にした。

12年の月日を取り戻す

季節は冬になり、初めてお二人にお会いした日から1年が過ぎた。ある日の午後、沙織様から電話がかかってきた。

「村上さん……!」

電話に出ると、沙織様はすでに取り乱したように泣いていた。

「どうされたんですか!?」

「母が、母が……会うから家に来なさいって!!」

「えっ！」

「怖いけど……私、会ってきます。会ってきたら、村上さんに電話をしてもいいですか？」

その言葉で、沙織様がどれほど緊張しているのかが伝わってきた。

「もちろんです。いつでも電話をかけてきてください」

「……ありがとうございます」

沙織様はもう、泣いていなかった。

それから会えなかった12年の月日を埋めるかのように、沙織様は何度もお母様に会いに行ったという。3回目に訪問をする時には新郎様も同行され、ようやく結婚することを石井様からお義母様に話されたのだと、お二人が教えてくれた。

母と娘の時間

春の日差しが感じられるようになってきた。結婚式まであと2カ月となり、沙織様とお母様の心の距離も随分と近づいているようだった。

しかし、お母様を結婚式に誘うと、「私はこれまで何もしていなかったから」と言われたと、沙織様から聞いた。そこで、沙織様とお母様のお二人の時間をつくるために、もう一度ドレスを選びませんかと提案した。ドレスはすでに決まっていたのだが、コスチュームアドバイザーに事情を伝えた。

「まぁすごい、こんなにたくさんのドレスがあるのね！」

事情を何も知らないお母様は、たくさんのドレスを見ながらはしゃいでいるようだった。すでにドレスは決まっているので、自然なかたちでお母様がそれを選ぶように担当スタッフが配慮してくれていた。

「お母さん、どれが似合うと思う？」

「そうねぇ……」

お母様が周りをきょろきょろしていると、スタッフは沙織様が選んだドレスの他にも、何着かお二人の傍までお持ちする。

「こちらにあるものは人気がございますが、いかがでしょうか？」

「あら、いいわね」

お母様はスタッフが差し出したドレスを一着ずつ沙織様の体に当てては、真剣な眼差しで見つめている。最後の一着を沙織様の前に持ってくると、途端に笑顔になった。

「このドレスがいいんじゃないかしら？」

そのドレスは、沙織様が選んだウェディングドレスだった。私はそれを見て、母と娘の絆を感じたのだった。


その後も、お二人の結婚式の思い出をつくろうと思い、沙織様とお母様のとの打ち合わせを行なっていった。すでに引出物は決まっていたし、チャペルは何度もご案内しているが、まるで、すべてがはじめてのことのように応対した。

本当の夢を叶える

結婚式当日。これからバージンロードを沙織様とお父様が腕を組んで入場する。

沙織様はすでに泣いていた。私は落ち着かせるために声をかけようと思ったが、その前にお父様が沙織様に声をかけられた。

「……泣くなよ。ほら、行くぞ」

「……うん」

お二人がバージンロードを歩きだす。その姿を見て私は、小さな声で「いってらっしゃい」と言って見送った。

みんなに祝福されながら歩く沙織様。最初の打ち合わせから1年半という月日がたっていたが、あっという間に感じた。

ベールダウンは、沙織様の妹ではなくお母様が行なった。お母様の手は震《ふる》えている。沙織様だけではなく、お母様も泣いていた。そして……。

「沙織……今まで本当にごめんね」

「お母さん……」

お二人は抱きしめ合い、号泣していた。沙織様の本当の願いが叶った。

最初の打ち合わせでは、こんなシーンが訪れることなんて、誰も夢にも思わなかっただろう。沙織様は、願ってはいけない未来だと思っていたのだろう。だが、お父様と歩き、お母様にベールダウンをしてもらっている。

（本当に良かった……）

十数年ぶりに家族写真を撮ることもできた。離散した家族が結ばれた瞬間に、私は一人泣いたのだった。

最幸のプレゼント

石井様と沙織様の結婚式が終わってから半年後。お二人は私に会いに来てくださった。

「村上さん！　お久しぶりです！」

半年ぶりに会った沙織様は、とても幸せそうな表情をしていた。以前から明るい人だったが、さらに幸福感が伝わってくる。そして石井様は、沙織様の隣で軽く会釈をした。

「これをプレゼントしたくて」

「プレゼントですか？」

沙織様が渡してくれたのは、一冊のアルバムだった。結婚式当日の写真や準備をしている時の写真。そして『村上さんコレクション』というページには、お二人を見つめている私の姿も入っていた。

「いつ撮られていたんですか？」

私が聞くと、沙織様は石井様を見てからニッコリと微笑んだ。

「企業秘密ですよ」

沙織様がプレゼントしてくれたアルバムは、今も私の宝物だ。

村上瑛麻
カサ・デ・アンジェラ馬車道

高校時代に実姉が「カサ・デ・アンジェラ馬車道」で結婚式を挙げ、そこで働くスタッフの姿に感銘を受ける。卒業後、結婚式場で働くことを夢見てブライダルスクールに通い、プロデューサーとして入社。現在は、「カサ・デ・アンジェラ馬車道」の副支配人を務める。なお、実姉の結婚式を担当したプロデューサーは、次章の小野里絵である。

Column

クリスタルインターナショナルのこだわり 1

新婦の希望に寄り添う、ファーストレンタルドレス

結婚式で花嫁が着るウェディングドレスは、日本の場合ほとんどがレンタルです。ウェディングドレスを着ることに憧れを抱いている女性は多いのですが、ウェディングドレスは結婚式で一度しか着ないため、購入する人はあまりいません。

レンタル用に作られているウェディングドレスは、たくさんの花嫁が着ることを想定しており、何度も洗濯をしても糸がほどけないように作られています。一見フワッとしていて軽そうに見えますが、糸や生地は太くて、ゴワゴワしています。一度着てみるとわかるのですが、見た目以上に重いと感じる人もいるでしょう。到底着心地の良いものではありません。また、何度も着回しをしているので、純白のウェディングドレスといえども、裾のレースが黒ずんでいたり、ほつれを直したような痕《あと》が残っていたりすることがあります。

ブライダル事業を開始した当時は、クリスタルインターナショナルでもレンタルドレスをお客様に提供していました。フルオーダーで作るとなると費用はかさみ、結婚をされるお二人の負担にもなってしまうからです。とはいえ、人生でもっとも輝くシーンにふさわしいドレスを花嫁に着ていただきたい、という想いが消えることはありませんでした。

そんなとき、とある結婚式場の経営者のアドバイスを受け、ついにクリスタルインターナショナルでも、ファーストレンタルを取り入れることができたのです。

ファーストレンタルのメリットはたくさんあります。まず、ご自身がいちばん初めに着ることができるということです。清潔感のある純白のドレスは、着心地はもちろんのこと、見た目にも美しく誰もが息をのむことでしょう。

二つ目に、個人の体形に合わせてドレスを作ることができることです。ご自身の体のラインに沿ったウェディングドレスは、花嫁をより美しく演出してくれるのです。レンタルドレスの場合は、こうはいきません。

ファーストレンタルの場合、身体の採寸をし終えてから、長いケースでは1年をかけてドレスを完成させます。実はこのドレスができるまでの期間がとても大切なのです。ドレスショップやアトリエに何度も足を運ぶ。あるときは、新郎様と、またあるときは、お母様を連れてフィッティングにいらっしゃいます。この月日が、花嫁にとっての大切な思い出の1ページになるのです。世界にたった1着しかない純白のウェディングドレスを着てバージンロード歩く――ファーストレンタルは、そんな花嫁の夢を叶えてくれるのです。

当社は、2003年にドレス事業部を設立しました。ドレス事業部に配属されたスタッフは、お客様のフィッティングやコーディネートをするだけでなく、ドレスの買い付けに行くこともあります。花嫁がどんな夢や希望をもっているのか、どのようなウェディングドレスを着たいのか――それをいちばん知っているのは、花嫁のいちばん近くにいるスタッフたちです。スタッフ自ら買い付けに行くことで、花嫁の夢を実現させてゆくのです。

海外での買い付けの様子を花嫁に話すスタッフもいます。そうすることで、花嫁もドレスを製作している一員になれたような気がして、ウェディングドレスにより愛着をもっていただけるのです。

結婚式において、また、花嫁にとって、ウェディングドレスはとても重要な存在です。だからこそ、妥協することなく、これからもファーストレンタルを花嫁のもとにお届けしていきます。

第2章

新郎新婦の想いを形に
——シナリオのないウェディング

カサ・デ・アンジェラ青山
小野里絵

私がプロデューサーとして働き始めて間もない頃に出会った、今でもお付き合いが続いている新郎新婦について話をしたいと思う。新婦様のことをとても愛している新郎様。二人の関係性が、私はとても好きだ。二人に出会っていたからこそ、今の私がいる。二人からいただいたあの日のことをまとめたフォトブックは、大切な私の宝物の一つだ。

新郎新婦が叶えたい夢

2010年1月16日。この日は新郎新婦と私が初めて会う日だった。新郎のお名前は今田哲夫様。新婦のお名前は山下美知様。コーディネーター（新規営業担当者）からの引継書には、美知様はシャイな女性とあった。

お二人は大学時代からのお付き合いで、この秋に結婚することを決めている、ということまでは事前情報でわかっていたが、それ以上のことはこれからお伺いすることになっていた。私は初めて新郎新婦と会うときを、いつもいちばん楽しみにしている。誰一人、同じということはない。それぞれに歴史があり物語がある。結婚式を通じて、人生最高のステージに立ち会えるこの職業は私にとって最高の仕事だと思っている。

お二人の来館される20分前、私は建物の入口でお二人をお待ちした。

「お待ちしておりました。今回お二人のプロデューサーを務めさせていただきます小野里絵です。よろしくお願いします」

今田様と美知様も慌ててお辞儀をしてくださった。私はお二人が緊張しているように見えたので、早速、お部屋にお通しして飲み物を注文した。お二人の心を少しでもときほぐしたいと他愛もないお話からスタートした。お二人は、徐々にではあるが場の雰囲気にも慣れていかれたように見えた。

「結婚式で何かされたいことなどはありますか？」

「そうですね。俺はとにかく、前代未聞の結婚式にしたいと思ってますね」

今田様は少し興奮気味にそう言う。

「前代未聞ですか？」

私は言葉を咀嚼《そしゃく》しながら同じ言葉を繰り返し、今田様を見た。話を聞くと、今田様と美知様は共通のお友達の結婚式やパーティーに呼ばれることが多く、同じメンバーで参列する機会もよくあるそうだ。そのため、「お前たちの結婚式がいちばんすごかったよ」と言ってもらえるような、すごい結婚式を開くことが夢だという。

「なるほど。それで前代未聞なんですね」

「はい！　ただ、すごい結婚式を挙げたいんですけど、何をどうしたらそうなるのかの考えはまだなくって」

先ほどまで勢いよく話をしていた今田様だったが、「これは！」というプランにはまだ出合っていないようだった。

私は今田様を励ます想いで、はっきりと申し上げた。

「かしこまりました。一緒に最高の結婚式を考えていきましょう！」

今田様と美知様は、顔を見合わせてから、私に笑顔を向けてくれている。こうして、１回目の打ち合わせから、お二人の話を深く聞くことができた。

打ち合わせを３回ほど重ねてきたある日のこと、今田様は言いづらそうな表情をしてから私に胸の内を明かしてくれた。

「あの、俺……お色直しをした美知を迎えに行きたいんですけど、そういうのってできますか？」

「お迎えですか？」

「はい。俺、歌が好きなので、歌いながら彼女が出てくるのを待っていたいっていうか……

いや、でも、俺なんかが歌っても会場が白けてしまうだけでしょうか？」

今田様はギュッと両の拳《こぶし》をにぎった。その拳の上に美知様も手を重ねた。お二人の間に、ちょっとした緊張感が走った。

「歌う……では私、今田様が歌っているときに、後ろで踊っていましょうか？」

私の言葉に、お二人はぽかんとした表情をする。私がどうしたのかなと首をかしげていると、今田様は不思議そうな表情で私に質問をしてきた。

「え？　踊ってくれるんですか？」

「はい。ダンサーがいれば、歌うのも一人じゃないですし、恥ずかしくないじゃないですか。なんなら、スタッフをもう一人付けて二人で踊りますよ。バックダンサーが二人いて、新郎様が真ん中で歌う。そして、歌い終わった後で新婦様がお色直しをして登場。とても素敵だと思います！」

今田様と美知様は視線を合わせて、フッと笑い始める。私は目をぱちくりとさせて、お二人を見た。打ち合わせをしていて、お二人がそんなふうに笑ったのを、まだ見たことがなかったというのもある。

「あの……私、何か変なことを言いましたか？」

その言葉に、お二人はさらに大きな声で笑いだした。とても楽しそうに笑うお二人に、私も自然と頬が緩む。

「いえ、そんなことないです。じゃあ、俺歌っちゃおうかな」

「うん！　私も歌ってほしい」

これまで、あまり会話に参加していなかった美知様も、ようやく会話に参加し始め、私の目を見て笑った。私はなぜ笑われているのかはわからなかったが、お二人に心を開いてもらっていることがわかり、嬉しく感じたのだった。

結婚式前夜の戸惑い

今田様とはその後、結婚式に向けて何度も練習を重ねた。そして時間はあっという間に過ぎ、結婚式の前日になった。1月から重ねてきた打ち合わせの数は18回。打ち合わせ以外でも練習で顔を合わせているので、お二人との間には信頼関係がしっかりとできているように私は感じていた。披露宴では歌と踊りだけではなく、他にも様々な趣向を凝らしたものをちりばめてある。私は翌日の準備が終わっているかどうか最終確認をしていた。結婚式は新郎新婦にとっては、人生で一度しかない大切なものだ。だからこそ失敗するということが許されない場所でもある。

ひと通りの確認が終わり、事務所に戻ろうかと思ったとき、電話がかかってきた。着信を見ると今田様だった。

「こんばんは。どうかされましたか？」

私が電話に出ると、受話器の向こうからハッとさせられるような息遣いが聞こえてくる。

「こんばんは、今田です。えっと……明日のことを考えると、だんだんと不安になってきまして。ほら、特に美知のお色直しの歌とか、他の人はやったりしないから……」

相談をされたときにも言っていたが、今田様は自分が行なうパフォーマンスについてまだ不安があるようだった。失敗しないようにと、何度も何度も練習を重ねてきたので、私は美知様を迎えるためのパフォーマンスは必ず成功すると確信していた。

「何言ってるんですか！　お色直しのお出迎えは、新郎様の新婦様への愛がとっても伝わるパフォーマンスじゃないですか！　絶対成功しますって」

私がそう言うと、今田様の息遣いがまた聞こえてくる。今田様の近くには、おそらく美知様もいて、目で会話をしているのだろう。

「そうですか？」

「はい。史上最高の入場シーンにしましょうね！」

「史上最高の入場シーン……」

今田様が私の言葉を繰り返すと、受話器の向こうから美知様の小さな声が聞こえてきた。

「素敵ね……」

やはり近くに美知様がいるらしい。そして、今度は美知様の戸惑う声が聞こえてくる。

「え、え？　何？　どうしたの？」

「絶対誰よりもすごいって思わせる、最高の結婚式にしような！」

「……うん」

二人がそのときどういう状態だったのかは、電話ではわからなかったが、いつものようにお互いを思い合っているのだろうと思った。そして、その後も翌日のことを、きっと時間を忘れるぐらい楽しく話し合い、当日を迎えたのだった。

いよいよ始まる披露宴

結婚式当日。

準備を終えた今田様と美知様を迎えに、私は控室に向かった。これからお二人はロールスロイスに乗って、参列者が待つ式場に向かわれることになっている。

控室のドアをノックする。

「そろそろ移動の時間です」ドアを開けるとお二人は満面の笑みで私を迎えてくれた。

ロールスロイスに乗ったお二人をゲストの皆様が拍手と歓声で迎える。挙式は華やかにそして厳粛に進められ、無事終了した。

だがお二人の場合は、まだまだこれからだ。

「小野さん、披露宴もよろしくお願いします」

今田様は不安を払いのけるような元気な声で、そう言った。

「はい。史上最高の入場シーンにしましょうね！」

「はい！」

お二人は元気よく返事をすると、手を取り合って控室を出た。いよいよ披露宴が始まる。

お二人が披露宴会場に入ると、美知様が好きな女性アーティストのライブ映像が流れた。映像の彼女が歌い終わりお辞儀をするのと同時に、今田様と美知様もお辞儀をし、集まってくれた人たちを迎える。映像の人物と同時にお辞儀がしたいというのも、お二人の要望の一つだ。

見ている側からすれば簡単そうな気がするかもしれないが、これが意外と難しい。なにせ、お二人からは映像が見えないからだ。この演出を聞いたとき初めはどうなるかと思ったが、何度かの練習でできるようになった。私はインカムを着けて映像を見守り、タイミングが来るとお二人の側にいるスタッフに合図を送って、お二人にお辞儀をしてもらう。本番は一度きりというのもプレッシャーだが、見事成功させることができた。

披露宴は進んでいき、会場内は盛り上がってきていた。披露宴の要所要所に込められた、お二人のこだわりや想いが伝わっているというのもあるのだろう。そしていよいよ、何度も練習した、花嫁のお色直しの時間がやってきた。美知様はすでに、お色直しのために席を立っている。あとは、新郎の今田様が迎えに行くだけだ。

歓談の間に、今田様も立ち上がり会場の外に出た。曲が始まると、私ともう一人のスタッフだけが入り口付近で踊っていて、歌が始まったら今田様が出てくるという演出にしている。

そして、会場が暗くなり、音楽が流れてスポットライトがついた——。

史上最高の入場シーン

踊り始める私ともう一人のスタッフ。だが参列者の皆様には、踊っている私たちが誰なのかはまったくわからない。私たちの踊りにただ圧倒されているだけだった。そこへマイクを持った今田様が入ってきて、私たちと一緒に踊りながら歌い始める。

「おぉぉぉぉ！」

今田様の登場に会場内から歓声と拍手が聞こえてくる。何度も何度も練習を重ねてきただけあって、今田様との息はピッタリだった。そしていよいよ、歌はクライマックスに入り、今田様の想いが最高潮に達したとき、今田様は、らせん階段を駆け上がり、お色直しを終えた美知様の前でひざまずいた。

「おぉぉぉぉ！」

今田様のエスコートで美知様が階段を下りると、歓声が上がり、拍手が鳴り響く。今田様の美知様への想いが、会場内にも伝わり最高に盛り上がりを見せた。その歓声と拍手は披露宴会場だけではなく、施設内を行き来するエレベーターの中にいる人にまで聞こえたと、後日スタッフが教えてくれた。

披露宴はまだまだ続くが、それでも今田様たちはすでに泣きだしそうになっていた。お祝いに来てくれている方たちが、本当に喜んでいるというのが伝わったというのもあるし、自分たちがめざしていた披露宴が本当に現実のものになったからだろう。おそらくお二人にとって大事な思い出の一日になると、その表情を見て私は思った。

パフォーマンスが終わり、私たちがそれぞれ自分の業務に戻ろうとすると、今田様がマイクを取り、私たちの紹介をしてくれた。私たちは会場のスタッフなので、黒子《くろこ》でいいと言っていたのだが、嬉しそうな表情で紹介をしていただいたので、これに応えなければいけないと思い、その場でお辞儀をした。

その後、私はまたプロデューサーとして、次のプログラムに向けての準備を始める。お二人が考えたものは、すべて叶えてあげたいというのが私の想いだった。

披露宴は順調に進んでいき、最後の今田様の謝辞となった。スタッフが今田様をマイクの前まで案内する。すると、会場内を見渡していた今田様と目が合ったような気がした。

(きっと偶然だよね)

今日の披露宴のプログラムはすべて終えている。そのため、今田様は私に用はないだろう。たとえ勘違いだとしても、こちらを見て「うまくいったよね」と言わんばかりの笑顔を見せてくれたことに違いはない。

今田様はマイクの前で言葉に詰まっていたかと思うと、隣にいる美知様を見た。美知様が

ゆっくりと頷くと、今田様は再び前を向く。そういったちょっとしたところでも、このお二人が本当に支え合っていると感じ、私はこのお二人の披露宴に立ち会えたことが幸せだと思った。

「お集まりの皆様。今日は私哲夫と美知のためにお越しいただきありがとうございました」

今田様は、時折、自分の言葉を交ぜながら、丁寧にお礼とこれからの自分たちのことについて話した。そして、ゆっくりと今田様は、また私のほうを見た。今度は気のせいではないように思う。

「今日、こんなに心に残る披露宴をすることができたのは、私たちの言葉にずっと耳を傾けてくれた小野さんのおかげです」

突然、私の名前が呼ばれた。すると、美知様も私を見てくれた。まさか謝辞で名前を呼ばれるとは思っていなかったので、私は戸惑った。

「今日のこと……いえ、今日までのことは絶対に忘れません。ありがとうございました！」

「ありがとうございます！」

今田様と美知様は私に向かって頭を下げる。

「そんな……こちらこそ、お二人に出会えて幸せです。ありがとうございます」

私もその場で頭を下げる。すると、会場内から割れんばかりの拍手が湧き起こり、今田様と美知様の結婚式は歓声とともに来賓者の心にいつまでも残ることになった。

もう一組の結婚式

数年の月日がたち、今日もカサ・デ・アンジェラで結婚式が行なわれている。新婦はウェディングドレスを身にまとい、控室で緊張している。いつも見守る側だったので、緊張することはないと思っていたが、実際に花嫁になってみると、思っていた感覚と違った。そう、その花嫁は私だ。

(花嫁って、こんなに緊張するもんなんだ)

これまでもプロデューサーとして、主役であ

るお二人の気持ちになって、なるべく寄り添えるように接してきたつもりでいたが、まったく足りていないことに気付いた。

実際、当事者になるとわかることではあるが、挙式や披露宴では、自分たちで行なわなければならないことがたくさんある。また、結婚式にはプログラムがあるため、その段取り通りに動かなくてはいけないのだ。それらを何度もリハーサルした上で、本番を迎える。私は、普段からそういったことを見てきている。それでも緊張するということは……初めてのセレモニーを前にした新郎新婦の心中は……と思うと、反省するばかりだった。

(これからはもっと、結婚をする二人に寄り添った行動をするようにしないとな)

そんなことを思っていると、控室をノックする音が聞こえてきた。そろそろ行く時間だ。私は返事をしてスタッフを中に入れる。そして一緒にチャペルへと歩いて行った。

結婚式は人生の門出である。だからこそ、本当にうまくいくだろうかという不安もある。それでも、お祝いをするために、みんなが集まってくれているのだから、笑顔でいようと思うものだ。新郎新婦にとっては精神的負担が大きいものだと、身に染みてわかった。

永遠にあるのではないかと思うほどの長い時間が過ぎていく。こんなとき、スタッフと何を話せばいいのかもわからなかった。何を話題にしても違う気がしたからだ。

今田様と美知様のサプライズ

いよいよ結婚式が始まった。チャペルの扉が開いた瞬間から、時間の流れはとても速く感じた。始まる前は、あんなに緊張して時間の流れが遅く感じたのに、始まってしまえば緊張どころではなくなったというせいもあって、かえって楽しく過ごすことができた。結婚式は滞りなく進み、披露宴に移る。

「結婚おめでとう！」

披露宴の歓談中に、今田様と美知様が挨拶をしに来てくれた。彼らの結婚式はその数年前に行なったのだが、その後もお付き合いは続いていた。私の結婚式には、これまで私がプロデュースをしたお客様が何組も出席していた。

「今日はありがとう！　来てくれて」

「とっても綺麗だよ」

美知様は本当に嬉しそうな顔で私を見る。その表情を見て、私も心が熱くなるような想いだった。

「もうすぐお色直しだよな。俺たちも準備があるから行くよ」

「準備？」

「じゃあね」

お二人はそう言って、私の元を離れた。だが、私の知っている披露宴のスケジュールの中には、お二人が何かを準備するということはなかったはずだ。何のことだろうと思っていると、スタッフがやってきた。着替えの時間が来たのだ。

私が立ち上がると、司会者が「花嫁がお色直しのために一度退場します」というアナウンスを入れる。私はスタッフの後に続いて披露宴会場を一人で歩く。すると、これまでのように扉が開いた――。

「えっ」

会場を出て扉が閉まると、そこにいたのは今田ご夫妻だった。お二人は、私のためにドアマンをしてくれていた。

「どういうこと!?」

私は何も聞いていなかったので、驚きを隠せなかった。

「俺たちも何かしたいねって、みっちゃんと話をしててさ」

「だって私たちの結婚式のときに、すっごく頑張ってくれていたでしょ？　だから恩返し」

お二人はスタッフではなく、参列者として出席しているのに、私のために裏方の役回りを志願したのだという。

「もう……こんなサプライズ、嬉しいよ。ありがとう！」

私は美知様に抱きつく。勢いよく流れていた挙式と披露宴の時間だったが、お二人のサプライズで、通常の時間の流れの速さに戻ったような気がした。お二人の心遣いがとても嬉しかったし、こういった関係を築くことができて本当に幸せだと思った。お二人とのお付き合いは、まだまだこれからも続いていくのだろう。そして、この先も、カサ・デ・アンジェラで働いていく中で、どのような新郎新婦たちと出会うことができるのだろうと思うと、心から嬉しく

なった。

そして、そのことに改めて気付けるのが、自分の結婚式だったということが、私は不思議であり納得でもあった。

これからも続いていくカサ・デ・アンジェラでの時間

あれから10年が過ぎ、私は今日もカサ・デ・アンジェラで働いている。今ではカサ・デ・アンジェラ青山で支配人になった。ある日、仕事が終わり、帰り支度をしているとスマートフォンに美知様から連絡が来ていることに気付いた。そこには「10周年記念をしようよ」と書かれている。そう、お二人がカサ・デ・アンジェラに初めて来てから、すでに10年の月日がたっていた。

「10年か……」

年月は過ぎてみればあっという間だったが、10年間で330組ものプロデュースをしていた。考えてみれば、その期間をお二人と一緒に私は歩んできた。

私は満面に笑みを浮かべながらカサ・デ・アンジェラを出ていく。そして右手にはスマートフォン。

「あ、もしもし？　みっちゃん。あのね……」

これからの時間も、この場所での新たな出会いを楽しみにしながら私はいつまでも歩んでいくのだろう。

小野里絵
カサ・デ・アンジェラ青山
チャペルスタッフとして入社後、「カサ・デ・アンジェラ馬車道」のプロデューサーに抜擢される。2017年、「カサ・デ・アンジェラ青山」のオープンと同時にプロデューサーのリーダーとして配属され、同年秋に副支配人になる。現在は、同施設の支配人を務める。

Column

クリスタルインターナショナルのこだわり 2

打ち合わせの回数は制限しない

結婚式の打ち合わせでは、どのようなことを決めていくと思いますか？挙式や披露宴の演出やプログラム、料理や会場の装花、招待状や席次表、引出物や衣裳・ヘアメイク、当日使用する映像や写真など、新郎新婦のお二人には、決めなければならないことが山ほどあります。

結婚式場の多くは、挙式の3カ月前から打ち合わせをスタートさせます。月に1度、たった3回～4回程度の打ち合わせで、すべてのことを決めなければならないのです。

クリスタルインターナショナルでは、打ち合わせ回数に制限を設けていません。何度でも打ち合わせを行なって良いのです。また、2年後に結婚式を挙げる場合でも、今すぐに打ち合わせをスタートさせることができます。もちろん遠方にお住まいの場合など、お二人の負担を考慮して進めていくこともありますが、打ち合わせには一切の制限がないのです。

なぜ、打ち合わせの回数や開始時期に制限を設けないか——それは、打ち合わせとは、私たちが新郎新婦になるお二人のことを知るためのとても大事な時間だからです。新郎新婦によって、結婚式で叶えたい夢や想いはそれぞれ異なります。それらを引き出すためには、新郎新婦との深い信頼関係が必要です。打ち合わせをする度に信用を積み重ねていき、お二人に信頼していただくことが、何より大切なのです。

プロデューサーは、とことんお二人と向き合います。そして、目の前にいる新郎新婦の表情やしぐさ、話し方やその発した言葉から、この二人が持つ〝想い〟とは何か、二人を支えてきたヒストリーとは何かを読み取って、お二人の本当の想いを引き出していくのです。

結婚式とはこれまでとこれからを繋ぐ日です。結婚式で想いを伝えることによって、未来へと歩み始める日なのです。

新郎新婦になるお二人は、打ち合わせを重ねることで結婚式当日に向けて心の準備もしていきます。私たちは、いつもその心に常に寄り添い続けていきます。

すべては、「お客様に最高に幸せな一日を創る」ために。

第3章

フレンチを超えた料理
——唯一無二の味を再現

モンサンミッシェル大聖堂 料理長
井上 聡

僕は20歳のときにフレンチの世界に入った。最初にお世話になったのは大阪北浜にある11年連続でミシュランの星を獲得し続けるレストラン「ルポン ド シエル」だ。そこで僕はフランス人シェフの下、12年間、フレンチのキャリアを積んだ。

２０１４年からは、学生時代の先輩に誘われるかたちで「モンサンミッシェル大聖堂」に入り、現在、料理長を任せていただいている。

我われがもっとも大切にしているのが、当日、式を迎えるお二人の想いだ。挙式だけでなく、披露宴で振る舞われるお料理にもあらゆるかたちで生かしたいと考え、日々、努力している。

僕は、お二人の想いを最大限に生かすために、まず披露宴の料理のコンセプト作りから取り掛かる。当日、調理を担当するシェフを交えて、お客様と一緒にレシピを作っていくのだ。コンセプト作りでは、お客様が戸惑われないようにベースとなるメニューが存在している。和洋中合わせて、13のコースがあり、多彩な種類のメニューをベースにお料理のイメージを作り上げていくのである。

そして、お料理にお二人らしさを出すために、思い出の究極のメニューを一品付け加えることにした。新郎新婦の大切な想いを結実させて、披露宴に出席された方をお二人ならではのお料理でおもてなしをするという方法が固まったのは、ある感慨深いエピソードがきっかけになっている。

結婚式のお料理は誰のためのものか?

一般的に披露宴で振る舞われるお料理には、主役である新郎新婦の想いは、ほとんど反映されないことが少なくない。その理由の一つには、式場があらかじめ用意したお料理を選択肢の中から選ぶというシステムがあるからかもしれない。

しかし、僕がいたフレンチレストランでは、お客様一人ひとりに合ったお料理を提供することが当たり前になっていた。

例えば、お客様のその日の体調によって味付けを大きく変えるし、提供するお料理も変わってくる。また、お客様が何のためにレストランを利用するのか、その目的も重要だ。その目的次第でも提供されるお料理は大きく変わってくる。晴れの舞台に合わせて、最適なお料理を提供するために、シェフがお客様を普段からよく観察することはもちろん、場合によってはお客様と頻繁にコミュニケーションを取ることも珍しくはない。

しかし、披露宴のお料理ではそういうことはしないのが、普通だった。だが、僕はずっと、そのことが気になっていたのだ。

「なぁ、田中。結婚式って何やと思う？」

僕は休憩時間に、たまたまそばにいた後輩の田中に尋ねた。

「何ですか、急に」

「いやな、ちょっと改めて考えてみようと思って」

僕がそう言うと、田中は不意を突かれたかのように驚いて言った。

「改めてですか……まぁでも、結婚式っていったら、新郎新婦が主役になる一日って感じがしていますけどね、俺は」

「主役なぁ……」

「新郎新婦が主役」。田中の言葉に妙に納得するものがあった。確かに結婚式は、新郎新婦が主役になって、親族をはじめとして、友人や知人にお披露目をし、お祝いをしてもらう一日である。

しかし、お二人を祝うための料理はどうなのか？　本来、主役であるお二人の要素は料理の中にあるのだろうか？　結婚式で出される料理にその要素があるのかというとほとんどない。お二人が来る前から、お料理の選択肢はいくつかに絞られていて、その選択肢から料理を選ぶというのが一般的である。

新しい可能性に気付いた日

そんなある日、新郎新婦を交えて、料理を決めるための打ち合わせがあると聞いた僕は、プロデューサーに「私も参加したい」と伝えた。結婚式の料理を決める打ち合わせに、実際に料理を担当する人間が参加するということは、前例がない。当初、プロデューサーは驚いていたが、僕の意見を丁寧に述べると、快く理解してくれて、同席を許してくれた。

初めての新郎新婦との打ち合わせ。プロデューサーが料理のコースが載ったパンフレットを広げようとしたが、僕はそれを止めた。

「すみません。料理を決める前に、お話を聞いてもいいですか？」

「ちょっと……井上さん？」

プロデューサーが僕の名前を呼ぶ。僕は、まぁまぁというジェスチャーをして、新郎新婦と向き合った。彼らの名前は、谷口誠様と木村成美様。お二人はキョトンとした表情をしたが、すぐに笑顔になって「はい、もちろんです」と答えてくれた。

「お二人の好きな食べ物って何ですか？」

好きな食べ物の質問をすると、それまで、少し緊張していた面持ちの谷口様が、パッと明るい表情になった。

「俺はコロッケが好きですね」

「コロッケ……。どんなコロッケですか？」

僕が続けて質問をすると、成美様が微笑みながら彼に言う。

「あ、わかった！　お母さんのコロッケでしょ」

「あたり〜。やっぱりあの味は、お袋にしか出せへんし」

「このマザコンめ〜」

今まで敬語で話をしていたお二人だったが、家庭料理のコロッケの話になるといきなりフランクな雰囲気になった。それは、彼が、本当にコロッケが大好物であること。そして、その秘密を彼女も知っているということなのだろう。

（これかもしれん……）

僕はお二人の言葉にひらめきのような何かを感じた。気が付くと僕も身を乗り出して、コロッケについて話を深く聞いていた。

彼が好きだと言っていたコロッケは、谷口家で特別な日に調理される。しかも、そのコロッケは家族総出で作られるという。味付けはすべて母親が行なっているが、コロッケの形を作るのは、子どもたちだ。クリスマスやお祝い事があるときにしか出てこないので、彼にとっては「コロッケ＝嬉しい日」なのだろう。

それに気が付いた僕は、思わず、

「披露宴で振る舞われる料理の一つに、谷口家のコロッケを出しませんか？」と言ってしまった。谷口様と成美様は一瞬、驚いたようだったが、笑顔でこう返してくれた。

「はい！　ぜひお願いします！」

その後も僕は、何度かお二人と料理の打ち合わせを行なった。その結果、僕は谷口家のコロッケの味を再現するには、実際にお母様に作り方を教わらなければ再現できないことに気が付いた。

新郎の家に直接、お伺いして料理の味を学ぶ――。

そんな前例はこれまでになかったが、僕はお二人の結婚式は、「谷口家のコロッケ」が入らなければ完成しないと確信していた。

母親直伝のレシピを盗め

それからしばらくして、僕は谷口様のご自宅に行くことになった。ご自宅に着くと家族総出で、僕を出迎えてくださった。

開口一番、お父様が「遠いところ、わざわざお越しいただいて、ありがとうございます」と代表して挨拶をしていただいた。

僕は、お母様のコロッケの味をどうしても再現したいので、しっかりと勉強をさせてもらいたいとお伝えした。

お母様を先頭に廊下を歩き、僕はキッチンに案内された。テーブルの上には、すでにコロッケの具材が並んでいる。準備万端だ。

「では、よろしくお願いします」

お母様は、いつものように手慣れた様子でコロッケを作り始めた。僕はお母様の隣に付いて質問をしたり、材料を量ったりしながら、真剣に料理を教わっていた。コロッケは、その家ごとに味付けも違えば、材料となるジャガイモの量、肉の量などがまったく異なる。寸分違わず、谷口家の味を再現するには、詳細なレシピ作りが肝心だ。一つひとつの工程をお母

様から聞き、それをメモ帳に落とし込んでいった。

そして、いつも通りに、お母様はコロッケを作る。4時間後、ついに、谷口家のコロッケが完成した。僕たちの様子を見ていたはずの新郎新婦のお二人は、いつの間にかキッチンからいなくなっていた。いつお二人が席を外したのか、それすらもわからなくなるほど、僕は集中していた。


お母様が作ってくれた出来たてのコロッケを早速、味見する。

「これは……思っていたよりも甘いんですね！」

谷口家のコロッケを食べた感想を述べると、まるで自分の子どもに言い聞かせるように優しく微笑みながら、お母様はこう言われた。

「お惣菜屋さんで売られているコロッケとか、外食店なんかで出されているコロッケとかとは、確かに違うかもしれん。けど、これがうちの味なんですよ」

「なるほど……勉強になります」

僕は味についてもメモ帳に記しておいた。あとはこのコロッケの味を、僕がちゃんと再現できるかどうかである。

ゲストの歓声と母の隠れた想い

結婚式当日の朝、モンサンミッシェル大聖堂の調理場で僕はコロッケの下準備をしていた。あの日、お母様に教えてもらったレシピで、コロッケを再現しようと何度も試作を重ね、ようやく形になってきたというところだ。忙しく下準備をしている僕宛てに、訪ねてくる人がいた。

「井上さん。お客様やで」

「お客様?」

僕は手を止めて、プロデューサーと一緒に調理場を出た。するとそこにいたのは、お母様だった。

「こんにちは」

話を聞くと、披露宴で振る舞われるコロッケのことが心配になり、プロデューサーにお願いして、わざわざ会いに来てくれたという。

「当日の忙しいときにすみません。でも、コロッケのことがどうしても気になって……」

「いえいえ、ありがとうございます。様子を見に来てくださって嬉しいです。それだけ、コロッケが大事やということがわかったんで、僕も作り甲斐があるってもんです」

「あら、そう？　それじゃあ、お料理楽しみにしていますね」

「はい！」

元気よく返事をすると、お母様はホッとした様子で控室へと戻っていかれた。

「よし、気合入れて頑張らんとな」

僕は、そんな独り言を呟《つぶや》きながら、調理場へと戻った。


結婚式、披露宴が終わり、僕は新郎新婦の控室へと向かった。ノックをして中に入ると、緊張感から解放されたのか、お二人は椅子に座って休んでいた。

「井上さん！」

谷口様と成美様は、僕の傍に笑顔で駆け寄ってきてくれた。

「お料理とても好評でした！」

「谷口家の家庭の味を楽しめるなんて思ってなかったって、友達も言っていましたよ！」

興奮気味に僕に語ってくれた。お二人の想いが詰まったコロッケは、披露宴で多くの人を楽しませ、その役割を十分に果たしたようだった。

「そう言っていただけて、僕も嬉しいです」

僕がそう話していると、お母様が近づいてくる。

「お母様、今日のコロッケの出来はいかがでしたか？」

「出来は、そう……まぁまぁというところやな（笑）」

「もう、お母さん、素直やないんやから！」

お母様に谷口様がツッコミを入れたところで、自然に笑いが湧き、控室は幸せな雰囲気に包まれた。

新郎新婦の思い出に向き合う

谷口家のコロッケを披露宴で提供してから、僕は結婚式における料理について何かを掴みかけていた。披露宴のお料理もお二人の大事な結婚式の一部なのだから、もっとお二人の色を出してもいい……むしろ出すべきなのではないかという考えになっていった。

そして、毎回、披露宴のお料理を決めるときに、立ち会って、お二人に話を聞こうと思うようになった。そして、谷口家のコロッケのように、お二人の想いが表現できるようなメニューを考えようと決めたのだ。

　お料理の打ち合わせの時間がやってきた。今日打ち合わせをする新郎は、沢口徹様、新婦は南田加奈様だ。お二人はとても落ち着いたタイプのカップルだった。僕は早速、料理の手掛かりになりそうなものはないかと質問をし続けた。初デート、プロポーズ、普段よく行くお店の話……。だが、どれも、究極のメニューに繋がるようなものはなかった。

（コロッケは、たまたま見つかった料理やったんか……？）

　そんなことを思っていると、ふと沢口様のお母様の話になった。すると、彼の表情は見たことがないような穏やかな顔になっていく。

「うちの母親は、俺が子どものときはずーっと給食センターで働いていたんです」

「そうですか……。失礼ですが、小さい頃は寂しい想いをされていたんじゃないですか？」

　プロデューサーが沢口様にそう聞くと、クスッと笑って首を振った。

「まぁ、俺は男ですから。学校から帰ってきたら、すぐに外に遊びに行っていましたし、寂しいとかは思いませんよ。ただ、母親は違ったみたいやけど……」

　僕は彼のその言葉がちょっと気になったので、詳しく聞くことにした。

「違うというのは？」

僕が身を乗り出して尋ねると、彼は微笑んで、こう返してくれた。

「働いていたから、おやつを俺にあんまり作ってあげられへんことを気にしてたんです。なんかのときに、俺が言ったんでしょうね。友達のお母さんは、毎日おやつを作ってくれる。でも、うちは作ってくれないみたいなことをね。それを聞いた母親は、俺に申し訳ないって言って、翌日チーズケーキを作ってくれたんですよ」

その当時のことを思い出しているのか、彼は照れ笑いをしている。

「チーズケーキを作ってくれるなんて、すごいね！」

加奈様も知らない話だったのか、目を輝かせて彼を見ている。彼は、彼女の反応を遮《さえぎ》るかのように手を横に振った。

「いやいや、そんなええもんちゃうで。すっごい短い時間で作ってたから……でも、うん、あのチーズケーキは美味《おい》しかったな……」

彼のその言葉を聞いたとき、僕は「これや！」と思った。この二人の結婚式だからこそ出てくる料理は、お母様が作ったチーズケーキだと。

「お母さんの作った味のチーズケーキ、披露宴料理のデザートで出しませんか？」

「えっ⁉」

沢口様と加奈様は顔を見合わせる。そして先に、瞳を輝かせたのは彼女のほうだった。

「ええやん、それ！　そうしてもらい。私も食べてみたいし」

「でも……二人の結婚式なのに」

「そうや。二人の結婚式やからやん。私の旦那様が大事にしている味を皆にも食べてもらいたいし、徹君がお義母《かあ》さんへの感謝の気持ちとして出したら私も嬉しいし！」

「加奈……」

「なっなっ、そうしよう」

加奈様の言葉に沢口様は、ゆっくりと頷いた。

「井上さん。母のチーズケーキ、よろしくお願いします」

沢口様は深々と頭を下げ、僕は満面の笑みで何度も頷いた。

チーズケーキの秘密

数日後、僕は沢口様とお母様にチーズケーキの作り方を教わるため、あるファミレスに来ていた。

「あの……本当に、あのチーズケーキを披露宴に出すんですか？」

沢口様のお母様は少し恥ずかしそうに僕に聞いてくる。

「いえ……あの当時、私は本当に時間がなくて……レシピもとても簡単で。そんなケーキを、徹たちの披露宴の最後に出すデザートにするというのが申し訳なくって……」

お母様はそう言うと、顔を伏せてしまった。だが、すぐに彼がお母様の肩に手を置くと安心したように、お母様は顔を上げてくれた。

「俺はどんな簡単なものやったとしても、あのチーズケーキが美味しかったって。加奈とカフェに何度も行ったけど、母さんが作ってくれたチーズケーキがいちばん美味しかった」

「徹……」

僕は二人のやり取りを見ながら、お母様のチーズケーキを提供することが正解であると確信した。お二人の想いが反映されているお料理は、家族の絆をより深めるものになる。お料理には素晴らしいエピソードが詰まっており、披露宴に出席されている方々を幸せにしてくれる。

「レシピ、教えてくれますね？」

僕は身を乗り出して、お母様にお願いした。

「……はい」

給食センターでたくさんの子どもたちのために料理をしているのに、息子におやつ一つ作ってやれていないことがショックだったとお母様は話してくれた。そんなときに上司から、「牛乳が余ったから、好きなだけ持って帰ってええよ」と言われ、牛乳からリコッタチーズを作ることを思い付き、チーズケーキにして子どもたちに食べさせてあげたそうだ。

「あのケーキ、材料それだけなん!?」

レシピを聞いて、彼は驚いたように声を上げた。材料がほぼ牛乳だとは思いもよらなかったからだ。するとお母様は「バレちゃったわね」と、おちゃめな表情をして、話し続けた。

「そうなんよ。だから、あなたの披露宴で出す料理としては、不十分じゃないかなって思ったわけ。それでも、あのチーズケーキを出したい？」

「当たり前や！　材料が牛乳だけというのは驚いたけど、やっぱり俺にとって、あのチーズケーキは特別なもんやから」

「そうか、わかった。井上さん。こんな簡単なレシピやけど、徹たちの披露宴でしっかり作ったってください」

「……わかりました」

僕はお母様の言葉を受け止め、お母様が作っていたリコッタチーズケーキの分量や火加減、タイミングなどを聞いて、帰途に就いた。

料理にも新郎新婦のストーリーがある

そして披露宴のお料理の最後のデザートとして、僕は井上作「沢口様のお母様のリコッタチーズケーキ」を提供させていただいた。

僕はマイクの前に立ち、このリコッタチーズケーキをなぜデザートとして、提供したのか、その理由をゲストに伝えた。子どもの頃、おやつとして食べたリコッタチーズケーキに対する沢口様の想いと、それを一生懸命作ってくれたお母様の想いを皆様に伝えた。テーブルの上にあるチーズケーキはただのチーズケーキではなくなった。この世で一つしかない、家族に対する想いが詰まったデザートなのである。

ゲストがリコッタチーズケーキを食べて何を感じたか知る由はない。しかし、チーズケーキを食べたゲストが、沢口様とお母様に向かって割れんばかりの拍手をしたので、想いは伝わったのではないかと思った。そして僕は、これからも新郎新婦のために、その二人だからこそ出てくる料理を作ろうと心に誓ったのである。

結婚式には新郎新婦だからこそできるオリジナル料理を

その後も、僕の料理への探求は続いている。お二人の結婚式だからこそ味わえる料理を毎回作っている。

例えば、新郎新婦の初デートがＵＳＪで、新郎がプロポーズをしたのもＵＳＪだと聞いたら、披露宴での料理メニューの中にもそこで提供されるものと同じ料理を入れた。お二人が食べた思い出の味を再現するために、何度もＵＳＪに通ったこともある。

また、ケーキ作りが好きな新郎新婦と、結婚式の前日に会場のキッチンに集まり、三人でウェディングケーキを作ったこともある。

郷土料理のスイーツを提供したこともある。祖母からかわいがられた新婦が大好きだったお料理を出すために、新婦の実家の大分まで足を運び、彼女のお姉様と連絡を取り合い、郷土料理のスイーツを再現したこともあった。

そして今日も、僕はお二人のための料理を作っている。すべては結婚式の主役であるお二人のためにである。僕は過去に作ったメニューのレシピは残していない。なぜならそのレシピは、その新郎新婦だからこそ生み出される唯一無二のメニューであり、同じものがあるはずはないからだ。

井上 聡
モンサンミッシェル大聖堂 料理長
20歳で料理の世界に入り、10年連続でミシュランの星を獲得し続けるレストラン「ルポン ド シェル」にて10年以上のキャリアを積む。フランス人シェフの下で培われた想像力と発想力で、「お二人のためのコンセプトメニュー」という新しいスタイルを創りだす。

「井上さん、今日は何を作りますか？」

田中が声を掛けてくる。調理場には、僕を応援してくれる人ばかりだ。

「よーし、今日は披露宴でもつ煮込みラーメンを出すで！」

あり得ない言葉に驚くスタッフは多いが、それも日常になってしまえば笑いになる。モンサンミッシェル大聖堂では、今日も楽しそうな声が響いている。

Column

クリスタルインターナショナルのこだわり 3

感謝の想いを込めて農園のお手伝いをする

披露宴に欠かせないのが、何といっても料理です。余興やスピーチ、演出も大切ではありますが、その間に提供される料理が美味しくなければ、せっかくの楽しい披露宴も台無しになってしまいます。

クリスタルインターナショナルでは、食材にもこだわっています。加工品は一切使わず、すべての下ごしらえをしていきます。料理で使わない部分は煮込んでスープ用の出汁《だし》を取ります。こうして少しも無駄にすることなく、上質なお料理を提供できるのです。

料理に使われているソースもシェフたちが手作りをしています。肉も魚も野菜も、すべてを式場ごとに下ごしらえをしています。披露宴の2週間前から、当日使用するソースを煮込み始めるのです。

野菜は、北海道の農園から直接購入しています。自分たちが美味しいと思える野菜を作っている農園を探し出そう、というのが最初の目的でした。

そんな中で見つけたのが、北海道の洞爺湖近くにある佐々木ファーム「ありがとう農園」です。ここでは無農薬栽培にこだわり、肥料も使用していません。肥料を使う代わりに、野菜たちに「ありがとう」と伝えて育てるという方法を取っています。除草剤も使っていないので、手入れをしないと雑草が生えてきます。こちらの農園と直接取引をしている料理人たちが集まって、ボランティアで雑草取りに行くようになりました。

当社でも調理スタッフが北海道へ行き、雑草を抜いています。若いスタッフにも一緒に行ってもらいます。自分たちが普段使用する食材がどのようにして育てられているのか、自身の目で見て、勉強してもらっています。一度でもボランティアで雑草を取りに行くと、皆また行きたいと言い、料理をする上でのモチベーションにも繋がっています。

このようにシェフたちが日々食材とも向き合っていることで、披露宴で最高の料理を提供できるのです。これが当社のこだわりの一つです。

第4章

会場にいるすべての方を幸せに
──目には見えない大切なものを心で見せる

セント・ラファエロチャペル銀座
中村仁俊

改めて振り返ってみるとアルバイト時代も入れて、2019年でサービスに携わって18年の月日が流れていた。今回は、サービスの奥深さに気が付いた出来事について話したい。私はプロデューサーやコーディネーター、営業という職種ではないため新郎新婦と直接話すことは少ないが、サービスマンだからこそできることもあることを知っていただけたらと思う。

一瞬の出会いだからこそ、最高のサービスを

サービスという仕事は、すべてのお客様との最前線に立つ仕事である。当然のことながら、お客様との距離感が本当に近い。

披露宴会場にいらっしゃったゲストをお出迎えして席まで案内し、調理場で作ったお料理を各テーブルに運ぶ。時にはゲストだけではなく、新郎新婦の椅子を引くこともあれば、新郎新婦の前に料理を運ぶことだってある。ただ、距離感は近いものの、新郎新婦と直接コミュニケーションを取ることは少ない。

コーディネーターは、初めて訪れた新郎新婦と会話をする。プロデューサーは、どんな挙式にして、どんな披露宴にするかの打ち合わせをする。だが、サービスは同じお客様と何度

も会うということはほとんどなく、一瞬一瞬の関わり合いがメインである。その代わり、他の職種に比べると出会う人たちの数は、いちばん多い職種だと言っても過言ではないだろう。

当たり前のことだが、お客様はそれぞれ違う性格や嗜好をもっており、お客様自身を理解することも必要だ。しかも、サービスはそれを瞬時に判断し、具体的な行動を起こさなければ、何も理解できていない人とお客様から判断されてしまう難しい職種でもある。

天国にいるゲストへのおもてなし

『陰膳《かげぜん》』という言葉を知っているだろうか？　ネットで『陰膳』と検索をすると「旅など遠くへ出かけた人の無事を祈って、家の人がその人の分のご飯を用意すること」と出てくるが、結婚式での『陰膳』はまた少し意味が違う。

祖父母や両親の場合がほとんどだが、生前に新郎新婦のどちらかと仲が良かった人が亡くなっている場合、家族のテーブルの上に遺影が置かれていることがある。亡くなっていたとしても、ちゃんと天国から祝福をしているよということで、家族が置いたのか、もしくは新郎新婦が置いたのかはわからないが、時々見かける光景だ。

最近の披露宴会場では、遺影が置かれているテーブルを見つけると、サービスマンがその遺影の前に乾杯酒であるシャンパンを置くことが当たり前のことになっている。亡くなっていたとしても、その方は新郎新婦にとって大事な方であり、もちろん、私たちにとっても大事なゲストだからだ。

ただし、私がしているのは、乾杯酒を置くことだけではない。披露宴での乾杯が終わった後に、そこだけシャンパンが残っているというのは不自然だと思い、乾杯後は生前好きだったものを家族に聞いてから、他のお酒やお料理を置いたりしている。

そういった陰膳は、ここで働き始めてから何度も経験した。だが、２０１８年、陰膳を巡ってあることが起きたのだ。

言葉にできない想いが存在している

私はいつものように、披露宴会場で料理をお客様一人ひとりにお出ししていた。新婦のご家族のテーブルに行くと、そこには遺影が置かれ、その前にはシャンパンが置いてあった。他のスタッフが陰膳だと思い、そこにシャンパンを置いたのだろう。

「あれ……？」

そこには犬の写真が置かれていた。おそらく、新婦と一緒に暮らしていた犬なのだろう。犬の写真が飾られているということは、これまで経験をしたことはなかったが、新婦がとても大事にされているのであれば、おかしな話でもない。

だが、ご家族のテーブルを離れてから、ふと気になることがあった。亡くなっているとはいえ、愛犬にシャンパンを飲ませるだろうかと。

実は私も家では犬を飼っている。だから、犬に酒を飲ませてはいけないことは知っていた。だからこそ、違和感は大きかったといえる。だが、何も置かないのは、新婦の家族である愛犬に失礼だ。私はすぐに調理場へと向かった。

調理場でシェフを見つけると、すぐに新婦の愛犬の料理について相談をした。

「犬の遺影？　なるほど……わかった。ちょっと待ってな」

シェフは他の料理も作らなければいけない中で、手際よく犬用のご飯を作ってくれた。

「ちゃんと玉ねぎは抜いておいたから、安全だ」

「ありがとうございます！」

私はお辞儀をしてから、すぐに披露宴会場へと戻る。犬は玉ねぎを摂取すると危険な状態になってしまう。それを配慮してくれたシェフには、本当に頭が上がらないと思った。

小さな器に入った、犬でも食べられる料理を持って会場に入ると、私は真っすぐに新婦のご両親の元へと歩く。他のスタッフがパンを各テーブルに配っているときに、新婦のお母様に声を掛けた。

「ワンちゃんもご家族ですもんね」

「……博美と一緒に育ってきたから、結婚式も見たいかと思って連れてきたんです」

お母様は一瞬の間をあけてから、愛おしそうに写真を見つめた。

「そうだな。博美が８歳の時に飼い始めたから、博美の弟みたいな感じだったよな」

隣にいたお父様も会話に入ってくる。ご両親にとっても大切な家族だということが伝わってきた。

「あのこれ……ワンちゃんにあげてもいいですか？　少しでもご家族と幸せを共有できるようにと思って、調理スタッフに作ってもらったんです」

私はそっと遺影の前に小さな器に入った料理を置く。

「えっ!?　わざわざ作ってくれたんですか？」

お父様は驚いた表情で私を見た。

「はい。私の家にも犬がいまして……大事な家族の一員ですから。一緒にお祝いをしたいだろうなと思って作ってもらいました。もちろん、玉ねぎも抜いて作ってくれていますよ。調理スタッフも犬を飼っているらしく、何も言わなくても配慮してくれて」

私がそう言うと、お父様とお母様は顔を見合わせてから頭を下げる。

「ありがとうございます」

お父様がそう言うと、お母様は声を抑えて肩を揺らしていた。

こういった細やかな対応は、私たちサービス担当の者にしかできないことだと思っている。挙式、披露宴は新郎新婦のために行なうものではあるが、そこに来てくれているゲストの方たちにも楽しかった、この二人の結婚式に来てよかったと思ってもらうためには、やはりサービスの担当者が、その場その場で判断していく必要があるだろう。他にもこれまで考えたことのなかったことを考えさせられる結婚式があった。

狭い常識にとらわれていた時代

あれは、私が社員になりたての頃の結婚式だった。いつものように披露宴会場の準備のミーティングが始まった。そのときにリーダーから言われた言葉を今でも覚えている。

「今日の披露宴の出席者は50名。ろう学校時代のご友人が出席されるので、新郎新婦様を含めて48名の方が耳の不自由な方になる。それでは各自準備に取り掛かってくれ」

「はい！」

　スタッフが全員で返事をすると、おのおの自分の持ち場へと散っていく。だが、元気よく返事をしたものの、私は戸惑っていた。耳の不自由な方たちの披露宴、というのをこれまで経験したことがなかったからだ。何が必要で何を用意すればいいのかがわからない。

　とりあえず私は、テーブルの準備に取り掛かる。体を動かしているほうが良いアイデアを思い付くと考えたからだ。

「中村！」

　後ろから名前を呼ばれて振り向くと、先輩が手招きしていた。

「はい、今行きます！」

　私は慌てて先輩の元へ行くと、今日の料理の順番についての説明を口頭でされた。私はいつものようにそれを手帳に書いてから、再び持ち場に帰る。

（あれ？）

今、普通に行動をしていたが、もし耳が不自由であれば、今のやり取りもできないのではないかということに気付いた。後ろから声を掛けられても気付かないだろう。つまり、お客様が何かを落としたときに拾って後ろから声を掛けても気付かれないということだ。

普段、お客様に料理を提供するときには、簡単に素材の説明とメニュー名を伝えている。お酒を提供するときも、どんな味がするのかということも口頭で伝えていた。今まで当たり前だと思っていた行動のほとんどが、これから来る新郎新婦とゲストには通用しないことに改めて気付かされた。

（どうすればいいんだろう？）

手を動かしながら、耳の不自由な方とどうやってコミュニケーションを取っていけばいいのかを再び考える。

（声を掛けても気付かれない。いきなり身体に触れるのは失礼。手話は……今から勉強しても間に合わない）

サービス業務は、ゲストの方を席まで案内したり、料理を出したり、丁寧な会話ができたりすることさえ完璧にこなしていれば、何の問題もないと思っていた自分が情けなくなった。

これからだって、いろいろな方が結婚式を挙げる。耳の不自由な方、目の不自由な方、車椅子を利用されている方……。身体だけではなく、精神的に不安定な方の場合もあるだろう。何かにトラウマをもっている方もいらっしゃるかもしれないし、持病のある方もいらっしゃるかもしれない。

可能性はいくらでも考えられるのに、これまでそうした不自由のない暮らしをしてきた方たちの結婚式ばかりを担当していたため、気付いていなかった。

（サービス担当として、まだまだ勉強不足だ。アルバイト期間が長かったから、ちゃんとやれると思っていたのに……）

何ができるのか、何をしなければいけないのか、今日来ていただく方たちに満足して帰ってもらうにはどうしたらいいのかと考えながらポケットに手を突っ込む。すると、そこにはさっき料理のメモを取った手帳が入っていた。

「あっ！　そうか！」

私は慌てて事務所に向かった。

華やかなる静寂

披露宴が始まり新郎新婦が入場する。その姿にゲストたちは大きな拍手……はなかった。そんな光景を見るのも私は初めてだったので驚いたのだが、手話の中で拍手は手を叩くものではなく、左右の手のひらを顔の横でひらひらと回転させて、祝福の気持ちを表現されていた。全員がそうしながら、新郎新婦の入場を見守っていた。また、通常は流している音楽も流れておらず、会場内は静かだった。

私にとっては違和感があったが、ここにいる方たちにとっては、当然のことなのだ。そう思うと、自分たちがいかに音を頼りにして生きてきたのかがわかる。

新郎新婦が席に着き、主賓の挨拶が始まった。主賓のスピーチももちろん、手話だった。そのときになって初めて気付いたのだが、ゲストたちが座っている位置が、いつもと少しだけ違っていた。手話でスピーチをしている人の手元が見えないのは致命的だ。だから、そのことに配慮された配置になっていたし、普段は置かれていないスピーチ台も用意されていたのだ。私はそんなことすら気が回らなかったが、他のサービス担当の者が配慮したのだろう。

(普段以上に、見るということに注意を払わなくてはいけないということなんだな)

そう思い、料理の器を手に取った。次は料理をゲストのテーブルに置くことが、サービス担当の役目だ。私は、会場の準備をしていたときに用意をした紙も一緒にトレイにのせる。

「こちらが前菜です」

やはり何も言わないのは失礼な気がして、他のゲストのときと同じように言葉で伝えてからテーブルの上に料理を置く。そして、その横にメモも添えた。そこには、前菜という文字と、料理名が書かれている。そのメモに気付かれると、ゲストの方は顔を上げて会釈をしてくださった。

私は、勉強不足で手話はできない。だから、今の自分にできることと思い、言葉を文字にしてゲスト一人ひとりに伝えていこうと思ったのだ。メモを横に添えることで、ゲストの方たちとコミュニケーションが取れているように感じ、私は嬉しい気持ちになった。

料理をすべて出し終えると、披露宴も終盤になっていた。私は披露宴会場の隅に立ち会場を見渡した。普段、経験している披露宴に比べると静かだが、音がないということではないことに気が付いた。ゲストの方たちの所作による音が聞こえるし、息遣いも聞こえてくる。こういった経験は、他の業界ではできないのではないかと思った。そして、サービス担当だからこそ、こんなに間近で体験させてもらっている。

このような披露宴を経験して、改めてサービスの仕事というのは、奥が深いと思ったし、素晴らしい仕事をさせてもらっていると感じた。この感謝の気持ちを、少しでもゲストの方たちに伝えるために、もっと勉強をしていかなくてはいけないという教訓にもなった。

ソムリエの資格を取る理由

話は少しそれるが、ブライダル業界は大きく分けると三つの業態がある。ホテルウェディング、レストランウェディング、ゲストハウスウェディング。クリスタルインターナショナルは、その中でゲストハウスウェディングの形を取っている。各業態によって価格帯も違うし、一般的にはホテルや高級レストランで結婚式を挙げると言うと「すごい」というイメージがある。だからといって、その一般の評価をそのまま受け入れて、うちはゲストハウスだからこのようなものでいい、となってしまってはいけない。努力をすることに意味はないということは、何一つないのだから。

そんなとき、ゲストに最高のひと時を過ごしてもらうために、自分でできることはすべてやろうと思って目に付いたのが、「ソムリエの資格」だった。

サービス担当は、披露宴の際にゲストにお酒を提供するというのも役目の一つ。そのときに、お酒のことを知っているか知っていないかで、調理場の担当者が作ってくれた料理の魅力を引き出せるかどうかが変わってくる。せっかく来ていただいたゲストには、料理を美味しく召し上っていただきたいし、新郎新婦が開いた披露宴に来てよかったと思ってほしい。

ただ、私はお酒がそんなに好きではなかったので、プライベートで家族や友人と夕食を取るときもお酒は飲まなかった。そのため、ソムリエの勉強をし始めると……。

「なぁ、今度の休みに、久々にみんなで集まろうよ」

「あ、悪い。その日は、ワイン工房に行くこと

になっていて」

「は？　ワイン工房⁉　お前が⁉」

と、心底驚かれたのを今でも覚えている。ソムリエになるには利き酒もできないといけないため、匂いと味を覚える必要がある。ソムリエの資格を取るために、何カ所ものワイン工房へ行ったり、日本酒を造っている酒蔵に行ったりしているうちに、自然とお酒にも強くなっていった。

そして今ではソムリエの資格を取り、披露宴会場でゲストのお酒の相談に乗っている。ソムリエの資格を取ると、マグネット式のバッジを胸に着けることになっているのだが、私は着けないことに決めている。

お酒に詳しいスタッフがいることでゲストに安心感をもってもらえるというのはある。だが、「ソムリエ」に話しかけづらい人もいるのではないかと思っている。

実際、私がソムリエの資格を取る前に、レストランで食事をしているときに感じていたことでもあるので、同じように感じる人は意外と多いと考えている。もし私がソムリエのバッジを着けていれば、気軽に「この料理に合うお酒をもらえますか？」とか、「お酒を持ってきてもらえますか？」などとは言いづらいのではないか。

サービスを担当している者として、来ていただいているゲストに最高のおもてなしをするための努力は必要だが、ゲストを委縮させてしまっては意味がない。自分ができることは何か、自分はどう見られているのかというところまで考えることが、サービスを担当する者の役割だと考えている。

ただ、それは私個人の考えなので、その考えを誰かに押し付ける気はない。ゲストハウスウェディングをしている他社でソムリエの資格を取得している人はほとんどいないことも知っている。ホテルやレストランであっても、すべてのサービスに携わる人が全員ソムリエの資格を取っているかというと、そういうわけでもない。

サービスを行なう者の選択肢は無数にあって、自分がサービスをする側として何ができるのかを考えて行動するのは自由だからだ。

サービスを行なう者の考え方

サービスとひと言で言うのは簡単だが、この言葉はとても意味が深いと考えている。この仕事を始めたばかりの時に、誰かからこんなことを言われた。

「サービスは目には見えず、形もないものだ」

同じ職種の先輩からだったのか、それともまったく関係ない人からの言葉だったのかは、もう覚えていない。この言葉を言われたときに、仕事を始めたばかりの私は「確かにそうだ」と思った。サービスの仕事を細かく見ていけば、それぞれに役割があって、行なうことがある。それは確かにサービスだが、サービスはそれだけではない。それでは、「サービスはどこまでの範囲のものですか？」と聞かれると、答えられる人はいないのではないかと思う。

「目には見えず、形もないもの」という言葉は、経験を積めば積むほど、私の心のどこかでどんどん消化しきれていないものになりつつあったのだ。そんなとき、インターネットで、こんな言葉と出合った。

「サービスは目には見えないが、形はある」

この言葉を見たときに、自分の気持ちの中で消化されていない何かがすっと消えた気がした。サービスは、何かそこに形があるからこそ、人の記憶に残り、形があるからこそ、どのように行なうかで、お客様の満足度が変わってくる。

サービスは一つの出来事ではなく、集合体ではあるが、個々のものには形がある。これも言葉にするのは難しいが、私たちが行なっているのは目の前のことだけではなく、その先のサービスに繋げて発展させるものだと思っている。

新郎新婦やゲストに笑顔になってもらいたいと思うのであれば、笑顔はどうすれば引き出せるのかを考えたり、どういう状況なら笑顔が曇ってしまうのかを考えたりすることが必要だ。だから私は、お客様と接するときの言動に細心の注意を払っている。

そういったことに気付いたのは、サービスをずっと続けてきたからだと思う。だから今日も、お客様にどうすれば快適で楽しい時間を過ごしていただけるのかを考えて、私は披露宴会場へと向かっているのである。

中村仁俊
セント・ラファエルチャペル銀座
大学時代にクリスタルインターナショナルが運営する結婚式場にて、サービスを経験。ホテル業界に就職後、当社に再就職し、現在は「セント・ラファエロチャペル銀座」の副支配人を務める。JSA一般社団法人 日本ソムリエ協会認定ソムリエ、厚生労働大臣認定レストランサービス技能士1級、HRS一般社団法人日本ホテルレストランサービス技能協会認定 西洋料理テーブルマナー講師、日本料理食卓作法認定講師、中国料理食卓作法認定講師など、他にもサービスに関する多くの資格を有する。

Column

クリスタルインターナショナルのこだわり 4

3カ月に一度、新しいメニューを採用する

披露宴の料理と言えば、フレンチ料理のフルコースが定番ですが、クリスタルインターナショナルでは、毎年、四季ごとにメニューを変えています。

なぜ、メニューを変えているのかというと、一つには旬のものを採り入れるためです。料理の味や見た目は調理スタッフの腕によるところもありますが、旬な野菜や新鮮な魚介類を使ったほうが、より美味しくなります。

調理スタッフは3カ月に一度、新しいメニューを求められるため、絶えず料理の勉強をしなくてはなりません。今の時期は何が旬なのか、世の中で流行《はや》っている食べ物は何か、常に五感を使って研究しています。

メニューの開発担当者からは、「今まで使ったことのない食材を使うように」と勧められます。こうして調理スタッフは、新たな食材との出合いを繰り返しながら、腕をどんどん磨

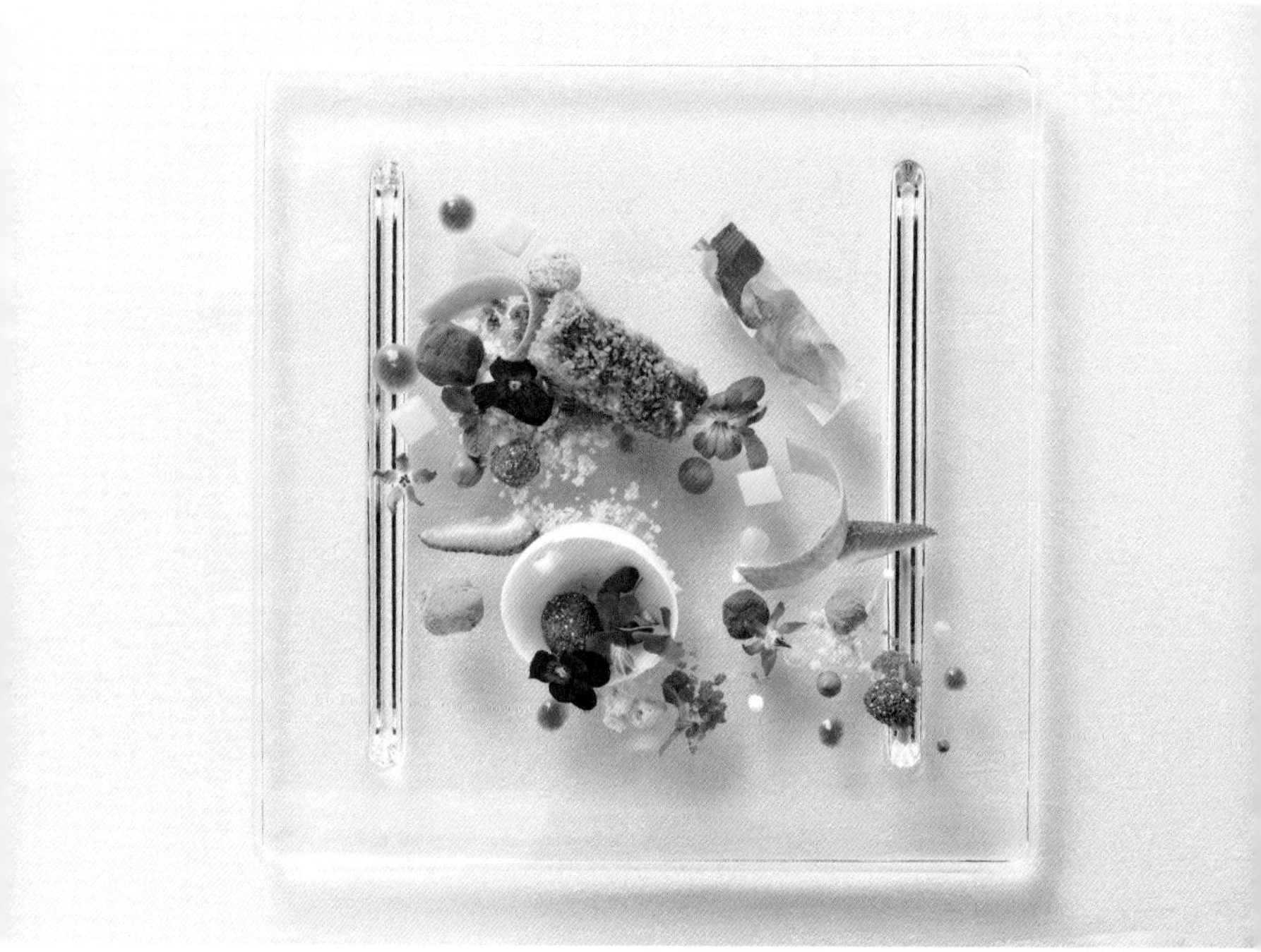

いていくのです。

試作メニューは、初めて来館されたお客様に提供することもあります。味見をしていただいて、感想をいただき、その声を反映させてメニューを完成させていきます。

さらに、料理の講習会に参加したりコンクールにエントリーして、常に腕を磨き続けています。既存のメニューに固執することなく、食のトレンドも取り入れていきます。お客様が求める料理を提供するための努力は惜しみません。つまり、常に最高の料理を作り続けるためには、メニューを変えていく必要があるのです。

また、クリスタルインターナショナルでは、決められたメニューだけではなく、新郎新婦のご要望やイメージをもとにした料理も提供しています。味や見た目にこだわるだけではなく、どんな想いでお二人が結婚をされるのかを知り、お二人のためのメニューにこだわることが、何よりも大切なことだと考えます。

一生に一度の結婚式だからこそ、お二人の想いを料理で演出してみるというのは、クリスタルインターナショナルだからこそできる業なのです。

第5章

病床での結婚式
——想いを伝えたい人がいる

カサ・デ・アンジェラ馬車道
大島 栞

今回は何組も出会ってきた中で印象深かった、とあるご新郎ご新婦様の話をしたいと思う。そのご新郎ご新婦は、ともに家族を深く愛する方だった。打ち合わせ回数はとても少なく、私が一緒にいた時間も1カ月ととても短い間ではあったが、今でも昨日のように思い出すことのできる結婚式である。この話をすることによって、少しでも誰かの心に想いを残すことができればと、強く思う。

翳《かげ》のある新婦

私はエントランスで、一組の男女を待っていた。しばらくすると打ち合わせをすることになっている河合信也様と落合里奈様が現れた。お二人は緊張をしているだけではなく、どこか少し翳のようなものがあった。

「こんにちは！　今回担当させていただきます大島栞です。よろしくお願いいたします」

私が深々とお辞儀をすると、河合様たちも深くお辞儀をした。お二人をさっそく打ち合わせ室に案内する。はじめは翳があるように感じたが、緊張のせいなのかもしれない。私はお二人の緊張を解くためにも他愛もないお話をしながら、少しずつ大事な質問をしていった。

「お二人は、どういった経緯でお付き合いをされたんですか？」

「友人の紹介で……付き合ってまだ1年もたっていないんですよ」

私はそれぞれに話を振り、出会いやなれそめ、プロポーズの場所などを聞いていった。そうしているうちに、お二人の表情も明るくなっていく。だが、ふとした瞬間に、里奈様の表情がやはり暗くなるときがあった。

何が彼女の表情を暗くさせているのだろうと思いながらご両親の話を振ると、彼女がゆっくりと口を開いた。

「実は……うちはシングルマザーなんです。ただ母がこの前……」

「里奈……」

言葉に詰まった彼女の手の上に、彼は自分の手を重ねた。付き合って1年未満と話していたが、すでにお互いのことを思いやる関係にあると思った。私はじっと彼女を見つめる。

「この前、母が倒れたんです。癌でした。幸い、見つかったのが早かったので、綺麗に取ることができて、今は元気なんですが……。まさか癌になるなんて思っていなかったから」

彼女はそう言うと、うつむいた。そのときのことを思い出しているのだろう。だが、しっかりと寄り添ってくれている彼のおかげで、彼女は気丈にも話し続けることができているのだと感じた。

「母親はずっと元気で、傍にいてくれるものだと思っていました。初めていなくなる可能性について考えることになって、ちゃんと一人前になって巣立っていく自分の姿を見せたいと思ったんです」

「僕は里奈の話を聞いて、だったら僕たちの結婚式をお義母《かあ》さんに見てもらおうよと言いました。お義母さんが元気なうちに」

「このことを、お母さんに報告したら、とっても楽しみにしていると言ってくれて……」

お二人の結婚式への想いを聞いて、私はお二人のためにも、そしてお母様のためにも素晴らしい結婚式にしようと思った。私たちはたくさんの話をしながら、結婚式に対する想いの深さと、お母様への愛、そしてご新郎様のご新婦様に対する愛情の深さを心に刻んだのだった。

結婚式のキャンセルの知らせ

それから1カ月後、事態は急変する。次の打ち合わせを翌日に控えた夜、里奈様から電話がかかってきた。

「はい、大島です。どうされましたか？」

「私……結婚式キャンセルします」

突然の言葉に、私は驚いた。しかも、彼女は泣いている。まずは何があったのかと思い聞いてみると、彼女は涙声で教えてくれた。

母親の容態が急変し、再び入院することになった。医者からは余命宣告を受けており、1カ月もつかどうかわからないと言われたという。彼女は、どうしたらいいのかがわからなくなったように、狼狽していた。

「お母さんがいないなら、結婚式をする意味なんてないんです」

「里奈様……」

「すみません。あんなに親切にしてくださったのに申し訳ありません……」

彼女はそう言うと、電話を切った。だが、私には前回の打ち合わせのときに見た彼女の幸せそうな表情が忘れられない。心の片隅に、いつかはいなくなってしまうかもしれないお母様という心配事を抱えていても、傍で優しく守ってくれる彼との結婚を本当に楽しみにしていたからだ。

彼女が結婚を決めたのは、お母様のことだけではなく、彼のことを本当に信じているというのも大きいと感じていた。そして、彼もお義母様をとても大事にしているからこそ、結婚を決めたのだろう。


私は気が付くとご新郎様に電話をかけていた。

「はい、河合です」

「河合様、カサ・デ・アンジェラの大島です」

「大島さん、今回のことはすみませんでした。里奈がキャンセルを伝えたって、さっき教えてくれて……」

結婚式をキャンセルしたいと連絡されたことはすでに聞いているようだった。ということは、お義母様の病状もすでに耳に入っているのだろう。

「いいえ、いいんです。ただ、私、どうしても里奈様のお母様に、ウェディングドレス姿を見せてあげたいと思っていまして」

「え？　どういうことですか？」

私は深呼吸をする。私が考えていることを受け入れてもらえるかどうかは、わからない。だが、ここで行動をしなければ後悔すると思った。

私が経験した取り戻せない過去

私には後悔していることが一つある。それは、大切な人に自分の気持ちを伝えられなかった過去だ。大好きな叔父――小さい頃から何でも話を聞いてくれる叔父との思い出は、今でもたくさん心の中に残っている。だが、叔父は若くして他界した。私は叔父のことが本当に好きだったが、感謝の気持ちを一度も伝えていなかった。いつまでも傍にいると思い込んでいたから、そんなことを言わなくても大丈夫だと過信していたのだ。叔父が亡くなった今、この後悔を消すことができない。話をしたい相手が、もういないからだ。

そんな想いを、里奈様にはしてほしくなかった。私にあるのはただ、それだけだ。

「まだ誰にも確認は取っていませんが、お二人が結婚式を挙げたいという気持ちがあるなら、お母様の病室で結婚式を行なうというのはどうでしょうか？　お母様の容態が悪いことは知っています。ですが、里奈様がお母様にウェディングドレス姿を見せたいと言って微笑んでいた顔が忘れられないんです」

「大島さん……」

そう呟くと、彼はしばらく無言になった。電話の向こうからはクルマの走る音がする。外を歩いている最中に電話を受けたのだろう。

「あの、お電話のタイミングが悪いようでしたら、後で改めて――」

「結婚式、しましょう。里奈は今、精神的にも落ち込んでいるので、すぐにうんとは言わないかもしれません。ですが、このまま結婚式を里奈のお母さんに見せなかったら、里奈はもっと後悔することになります。だから……お願いします！」

覚悟の決まった河合様の声が受話器越しに聞こえてくる。私はお腹に力を入れて頷いた。

「はい！　お任せください！　では私はこれから病院に確認を取りますので、河合様は里奈様のことをお願いしてもよろしいですか？」

「もちろんです。それでは、病院のほうはよろしくお願いします」

私は静かに受話器を置いた。

病院との交渉

私は里奈様のお母様が入院している病院と連絡を取った。しかし、病院で結婚式をしたいという申し出に病院側は「認められない」という一点張りの回答であった。

私はお願いをすれば、きっとすぐに認めてもらえると考えていたため、愕然《がくぜん》としてしまったが、彼女とお母様のことを思うとショックを受けている場合ではないと、気を取り直して、粘り強く交渉することに決めた。

「何とかお願いします！」

「そんなことを言われてもですね……私の一存では……」

「だったら、もっと上の人と話をさせてください！　時間がないんです！　お願いします、どうか話だけでも!!」

私が何度も頼み込むと、病院の事務局の方は観念したように「わかりました」と言って、さらに上の方に話を通してくれると約束してくれた。1時間後、再び病院から電話がかかってきた。やはり「前例がないことだから」ということと「他の患者さんに迷惑がかかるから」

と断られたが、病院側が何をいちばん気にしているのかということを考え言葉を選んだ。

「里奈様のお母様は個室にいらして、そのお隣はちょうど空いているんですよね？　私たちはその2部屋しか行き来をしません。他の患者様にも迷惑にならないように、大きな音も出しません。ですからお願いします！　時間がないんです！」

「……仕方ありませんね。そこまで言うなら」

根気よく説明することで、特別に認めてくれた。私は何度もお礼の言葉を言う。

「ただし、他の患者様には本当に迷惑にならないようにしてくださいね」

「もちろんです！　ありがとうございます！」

電話が終わり、空を見上げると真っ暗になっていた。

追い詰められた花嫁

結婚式をどうやって行なうかを考えていると、河合様から電話がかかってきた。

「はい、大島です」

「夜分にすみません」

彼の声はどこか沈んでいるように聞こえたが、夜分に電話をかけたことに恐縮しているのかもしれない。

「いえいえ、いつでも電話をしてくださっていいんですよ。それに私も、ちょうど河合様に報告をしたいことがありましたし」

「……です」

電話の向こう側から小さな声が聞こえてくるが、何を言っているのかが聞こえない。電波が悪いのだろうか？

「申し訳ございません。もう一度おっしゃってもらってもよろしいですか？」

「……里奈の母親の容態が悪化したんです」

「えっ!?」

結婚式のプランを考えていた私の頭は、一気に真っ白になった。

「医師からは、１週間もつかどうかとも言われました」

「そんな……お母様の意識は？」

「ありません。チューブが繋がった状態で……」

彼の声が揺れ始める。泣くのを我慢しているのだろう。

「里奈も病室での結婚式をすることに賛成してくれたのですが、こんな状態では……」

耳を澄ましてみると、電話の向こうで女性が泣いている声が聞こえる。近くに彼女がいるのだろう。私はギュッと拳を握りしめた。

「いいえ。結婚式をやりましょう」

「え……でも」と彼は戸惑うような声で答えた。

「明日……はさすがにできませんが、明後日にお母様の病室で行なうんです。このまま何もせずに過ごしていては、里奈様もきっと後悔します」

「大島さん……」

彼が大きく深呼吸をする音が聞こえてくる。

「お願いしても大丈夫なんですか？　準備とか何も進めていないのに」

「任せてください。お母様に里奈様のウェディングドレス姿を見てもらうために、絶対に間に合わせますから」

私はゆっくりと頷いてから、そう伝えた。

電話を切ると、私は早速2日後に迫った結婚式をどうするのかを考えた。お母様の容態のことを考えると、病院側もそんなに長くは病室での結婚式を認められないだろう。

通常、挙式と披露宴を合わせると全体で2時間半ほどのプログラム構成だが、病室では30

分ぐらいが妥当かもしれない。この中で、絶対にやらなくてはいけないことは何なのか、進行の中で必要になってくるものは何なのか、私はデスクに着いて絵を描きながら当日の進行を練った。

できることはすべてやり切る覚悟

翌日も、私は朝からバタバタと走り回っていた。準備をする過程で、確認をしなければいけないことが山ほどあったからだ。

その中でも特に重要なのが、ウェディングドレスと牧師の手配だった。クリスタルインターナショナルでは、ウェディングドレスはファーストレンタルを採用している。誰かが着たウェディングドレスを使うのではなく、新婦の体形に合わせて1着ずつ作っていくのだ。だが当然のことながら、初めの打ち合わせから1カ月しか過ぎていないので、ドレスは出来上がっていない。ただ、どのドレスにするかは決めていたので、同じ型のものであれば用意することはできた。里奈様には、そのことを了承してもらう必要がある。

そしてもう一つ。牧師を誰に依頼するかだ。危篤状態のお母様の病室に、他人を入れていいのかという問題があった。だが、私たちが普段お願いしている牧師を呼べないということであれば、一体誰が牧師を務めればいいのだろうか。そんなことを思っているとき、また河合様から連絡が入った。

「はい、大島です」

「里奈を説得しました。明日、結婚式を挙げたいって言っています」

昨日とは打って変わって明るい彼の声を聞いていると、彼は本当に彼女のことを第一に考えているのだということが伝わってくる。

「本当ですか！　よかったです」

「僕たちのほうで、何か準備することってありますか？」

私は、ウェディングドレスと牧師のことを話した。ドレスは彼女に了承してもらうしかない。しかし、牧師をどうするか。私にはそのアイデアがなかった。すると、彼はこう言ってくれた。

「牧師役は身内でも大丈夫なものでしょうか？　明日の結婚式に僕の甥っ子が来てくれることになっているんですが、彼なら引き受けてくれるんじゃないかと思って」

「なるほど、では台本だけ、こちらで作ってお渡ししますね」

「はい、よろしくお願いします。あと、ウェディングドレスのことは里奈と直接話したほう

がよさそうですね。今近くにいるので代わります」

河合様はそう言うと、すぐに里奈様が電話に出てくれた。

「あの……この度は、ご迷惑をおかけして……」

「里奈様。迷惑なんて言わないでください。明日は最高の結婚式にしましょう」

「大島さん……ありがとう。ドレスは、あるもので構いません」

「ありがとうございます。ファーストレンタルで作れず、申し訳ございません」

私が謝ると、里奈様は慌てたような声を出す。

「大島さんが謝ることなんて何もありません。出会って1カ月ぐらいの私たちのことを、こんなにも考えてくださってるんですから。私には感謝の気持ちしかありません」

「そう言っていただけてよかったです。明日は素晴らしい結婚式をお母様に見ていただきましょうね。きっとお母様も喜んでくれるはずですよ」

「はい」

里奈様の声を聞いて、明日は自分のすべてをかけて成功させようと心に誓った。

病床の母に伝えたい想い

翌日。河合様と里奈様にはカサ・デ・アンジェラの衣装室で着替えてもらい、そのまま病院へ向かった。お母様がいる個室の隣でヘアメイクを済ませ、ご新郎ご新婦がお母様のいる個室に入場する。他の部屋に配慮して、あまり大きな音は出せなかったが、チャペルで流れる曲と同じものをお母様に病室で聞いていただくことができた。

お二人の入場とともに、河合様の甥御様とお姉様とお子様、カサ・デ・アンジェラの支配人が割れんばかりの拍手をした。お二人は顔を見合わせて幸せそうに微笑んでいる。それを見ただけで、私は結婚式を病室で行なってよかったと思えた。

お二人を所定の位置にご案内して、牧師役の甥御様が台本に書かれた言葉を伝える。河合様たちは誓いの言葉を述べ、誓いのキスをした。そして、誓約書を書いて、結婚式はクライマックスになる。最後はウェディングドレス姿の里奈様がお母様に向けての手紙を読むことになっていた。

里奈様が、すでに意識のないお母様の前に立つ。チューブが繋がっているお母様を見ているだけでつらい気持ちになったが、里奈様は手紙を取り出し読み始めた。

「お母さん。私を生んでくれてありがとう。ようやくウェディングドレス姿を、お母さんに見てもらうことができて、とても嬉しいです……」

里奈様が手紙を読むため、音楽を消した。部屋の中は、機器から聞こえるお母様の心拍音と彼女の声だけになり、一気に現実に引き戻される。その状況に彼女は言葉に詰まって、手紙を読み続けられなくなった。とても心配になったが、隣にいた彼が彼女をそっと抱きしめてくれた。視線を交わすと、再び彼女はお母様を見つめて、手紙を読み始めた。

「お母さんに伝えたいことがたくさんあるんだ。私はお母さんに感謝の気持ちしかないよ。本当はもっともっと、親孝行したかったたって思っている。でも、それは叶わないんだよね。短い時間の中で私ができることを考えたら、いちばんは私が自立してお嫁に行くことかなって思ったんだ。だから今日という日を迎えられて、私はとても幸せです。お母さん、ありがとう」

泣きながら、一つひとつ言葉を噛みしめるように手紙を読んでいた。読み終わると周りから拍手が湧き起こった。もちろん、私も思いっ切り手を叩いた。病室に集まった全員が泣いていたが、誰もが里奈様とお母様を祝福していた。

その後のこと

それから1週間後。カサ・デ・アンジェラでの業務を終えて自宅へ向かっていると、携帯電話に河合様から連絡が来た。

「はい、大島です」

「大島さん。河合です」

いつも彼女を支えていた彼の声は、少し淡々とした口調に聞こえ、何となく嫌な予感がした。

「伝えるかどうか迷ったんですけど、あれだけよくしていただいたのに、何も伝えないのも不義理だと思いまして……。実は、里奈のお母さんが亡くなりました。結婚式から3日後でした」

私は何と声をかけていいのかわからず、言葉を失ってしまった。そんな私の状況を気遣ってくれているのか、彼はそのまま話を続けてくれた。

「お義母さんの死はとてもつらいんですけど、でも大島さんが無理やりにでも結婚式を挙げようって言ってくれたことに、とても感謝しています。きっとあの時しか、お義母さんに僕たちの結婚式を見てもらうことはできませんでしたから。落ち着いたら、また里奈と二人で遊びに行きますね」

彼はそう言うと、電話を切った。

あんなに好きだったお母様が他界して、きっと彼女は深く悲しんでいるのだろう。しかし、私ができることはもう何もない。それがつらかった。しかし、河合様が「ありがとう」と言ってくれたように、お二人が結婚式を挙げてよかったと思ってくれているなら、私が取った行動は間違いではなかったのだろうと思う。里奈様はお母様にありがとうの言葉を伝えられたのだ。彼女の中でお母様に対する後悔が少しでもなくなっているなら、私はそれでいい。

私は他界した叔父に感謝の気持ちを伝えられなかったことを、長い間後悔してきた。今でも叔父を失った悲しみは深い。しかし、叔父との思い出、あの経験があったからこそこうしてお客様の気持ちに寄り添うことができたのだと思う。

結婚式は人生の門出といわれている。誰にとっても後悔のないものであってほしいと願う。だが、結婚式は必ずしも幸せなことだけではない。人生の新たなスタートを切るのだから、自分の弱点に向き合ったり、見たくないことを見なければならなかったりすることもあるだろう。

私はそんなときにも新郎新婦には、真っすぐに立ち向かってほしいと思う。新郎新婦が後悔をしないためであれば、私は全力でサポートをする。それが私の仕事だと思っている。

大島 栞
カサ・デ・アンジェラ馬車道
「カサ・デ・アンジェラ馬車道」でサービス業務を経験した後、新卒で入社する。現在、プロデューサーとして「想いを伝える想いが伝わる結婚式」を実現させるために、日々お客様に寄り添い続ける。

Column

クリスタルインターナショナルのこだわり 5

金の筒に永遠の誓いを込めて

クリスタルインターナショナルでは、挙式の際に誓約書を2通用意して、新郎新婦にそれぞれサインをしていただいています。一通は金の筒に入れ、もう一通はお持ち帰りいただきます。金の筒に入れた誓約書は、チャペル内で保管しています。

誓約書は結婚の証しです。お二人にとってとても大切なものですが、時が過ぎるとどこに置いたかさえも忘れてしまうかもしれません。それでも、もう一通を金の筒に入れておけば、永遠になくすことはありません。

当社の誓約書には、お互いへのメッセージを書くスペースがあります。数年後にチャペルに戻ってきたときに当時を振り返ることも、お二人にとっては大切な時間となるでしょう。誓約書と一緒に、お互いに宛てた手紙を入れたり、ペアリングを入れたりする方もいらっしゃいます。1年に一度チャペルを訪れて、新しい手紙と交換する方もいらっしゃいます。

結婚式を挙げた頃のお二人に戻れると話す方もいらっしゃいました。

2012.03.03
Takahiro
&
Kaori
2012.06.17
Shotaro
&
Eiko
2012.06.23
Yusuke
&

他にも、いつか生まれてくるお子様に宛てた手紙を入れている方もいらっしゃいます。金の筒は、家庭円満のための道具として使ってくださっているともいえるでしょう。

金の筒に誓約書を入れる、イギリスの結婚式における伝統文化です。

こんな言い伝えがあります。「金の筒を踏むと、幸せになれる」

また、踏まれた数だけ、金の筒の持ち主も幸せになれる、ともいわれています。どちらにとってもラッキーアイテムになるという素晴らしい伝統です。「湘南セント・ラファエロチャペル」と「セント・ラファエロチャペル御堂筋」の床下には、たくさんの金の筒が収納されています。

また、「セント・ラファエロチャペル銀座」、「カサ・デ・アンジェラ青山」、「カサ・デ・アンジェラ馬車道」、「モンサンミッシェル大聖堂」では、立ち上げスタッフのこだわりにより、床下ではなく、ステンドグラスの奥に収納場所があります。「セント・ラファエロチャペル銀座」には、ボタンを押すとステンドグラスがスライドし、金の筒が見えるという仕掛けが作られています。

こだわりや伝統を重んじるとともに、新しい伝統文化を創り出すことも、大事なことだと考えています。

第6章

生き方を変えた結婚式
——花嫁はプロデューサー

湘南セント・ラファエロチャペル
青木純子

私のクリスタルインターナショナルとの出合いは、もともと結婚式をするための打ち合わせがきっかけである。結婚式の打ち合わせを重ねている間に、クリスタルインターナショナルを好きになってしまい、結婚式を挙げる前に入社した。

入社後は企画から、フロント、経理、プロデューサー、銀座出店のサポート、大阪店での教育係を経て、現在は藤沢にある「湘南セント・ラファエロチャペル」で支配人補佐をしている。ちなみに支配人は夫である。

今回は、私自身の結婚式と結婚式前に入社を決めた時の物語をご紹介したい。今の私にとっては、人生そのものを変えてしまった、とても重要なエピソードである。

理想にいちばん近い場所

私が初めてクリスタルインターナショナルのチャペルに訪れたのは、2001年のお正月。挙式をするのは11月と決めていたが、どんな場所で結婚式を挙げるかは、私の人生においていちばんと言っていいほど重要な選択だった。だから会場探しをする時も、多くの結婚情報誌を読んで、どこの教会であれば自分が理想としている結婚式を挙げられるのかと一生懸命探していた。

そんな時、目に留まったのが当時、できたばかりの湘南セント・ラファエロチャペルだった。私は早速、連絡をして、彼と一緒にチャペルのある藤沢へ向かった。

外観もヨーロッパの教会のような雰囲気があり、期待が高まっていく。正面の入り口の前に一人の男性が立っており、私たちの姿を見ると

「青木様ですか⁉　ようこそ、湘南セント・ラファエロチャペルへ」

と駆け寄って挨拶してくれた。眼鏡を掛けた田村さんと名乗る男性だった。渡された名刺を見ると、営業担当と書いてある。

田村さんの案内で、ロビーに通された。天井にはきらびやかなシャンデリア、目の前にはラウンジへと続くらせん階段があり、開放感に溢《あふ》れる場所だった。私がキョロキョロと周りを見ていると、田村さんは微笑んだ。

「いろいろとご説明したいことがあるのですが、まずは先にチャペルを見られますか？」

「いいんですか！」

「お、おい……」

私が勢いよく食いつくと、彼がそれを止める。

私は先にチャペルを見たかったし、こんなに素敵な外観で、ロビーも綺麗な所であれば、すごく期待できると思い、興奮気味に彼を制した。そんな私を見て、彼も諦めたのだろう。

「わかったわかった」と言って、田村さんにチャペルを先に拝見したいと伝えたのだった。


「こちらが、湘南セント・ラファエロチャペルです」

ドアを開けると、まばゆい光が目に入ってきた。豪華なステンドグラスが壁一面にあり、荘厳な雰囲気がチャペルに踏み入れた瞬間に伝わってくる。

「すごい……」

「あぁ、そうだな」

私と彼は、雰囲気に一瞬にしてのみ込まれてしまった。そこには日常を忘れさせる特別な空間があり、まるで海外の教会に訪れたようだった。

「こちらのステンドグラスはもちろんのこと、調度品も本物なんです。どうぞ、中に入って見てください」

「入っていいんですか!?」

私が驚いてそう言うと、田村さんは少し微笑んで「もちろんです」と言って、私たちを招いてくれた。

さらに奥へと進むと、私の脳裏に、未来の自分たちの姿が浮かんだ。

（私はこのバージンロードを父と一緒に歩き、その先に彼が微笑んで待っている）

これまでにもいくつかの教会を見学に行ってきたが、そんな情景が浮かんでくることは一度もなかった。そして、そう感じた理由がわかり、妙に納得した気持ちになった。

（あぁ、そうか。私、ここで結婚式を挙げるんだ）

そう思うと、何ともいえない感情が心の中に入り込んでくる。

「純子？」

隣にいた彼が私の顔をのぞき込んできた。

「ごめんなさい。ちょっと感動しちゃって」

「確かにこれは感動するよ」

もしかしたら、その時、彼も私と同じで、この場所での未来の私たちの姿を見たのかもしれない。

その後、田村さんからチャペルや挙式の説明を一通り受けた。私たちはすでに、ここで結婚式を挙げることを、チャペルを見てからすぐに決めていた。当然のことながら、質問も多くなっていった。田村さんはずっと笑顔のままだったことを覚えている。

想定外の未来へ

当時、私はある会社の社内インストラクターの仕事をしていた。世の中では、パソコンのOSであるWindows95が発売され、パソコンがビジネスに本格的に導入される時代であった。

今までパソコンを触ったこともない方たちのために、私はパソコンのインストラクターの仕事を選んだ。人に何かを伝えるのが好きだったので、仕事は続けたいと思っていたが、結婚した後のことを考えると、どうするかは悩むところだった。

彼は会社員だったが、私と同じように結婚後、どうするかは迷っていたようだった。もちろん、これから結婚するのに私を不安にさせないよう、迷っているとは口には出していなかった。

8月に入ると、いろいろなことが少しずつ決まってきていた。ウェディングドレス、披露宴の席の配置、お料理……。一つひとつ決まっていく度に、彼と本当に結婚をするんだという実感が湧いてきた。挙式がとても待ち遠しくなっていった。

この頃には、一人でも湘南セント・ラファエロチャペルに行くようになっていた。あのとき見たチャペルが頭から離れず、気が付くとそこに向かっているという感じかもしれない。それにそこで働いている方たちが、誰と話をしても楽しい気持ちにさせてくれるというところも魅力の一つだった。

「こんにちは、青木様」

そして私が行くと、いつものように田村さんが出迎えてくれたものだ。

「こんにちは。近くまで来たので、また寄ってしまいました」

「嬉しいことです。中でお茶でも飲んでいかれますか?」

「あ、じゃあ……」

田村さんに案内されて、私は打ち合わせスペースに移動する。この打ち合わせスペースにもこだわりがあり、普段では、なかなかお目にかかれないようなものも置かれているので、来るだけで本当に楽しかった。

お茶を飲みながら多少は式の話をするが、会話のほとんどは他愛もない雑談だ。そんなとき、ふと田村さんからこんな質問をされた。

「青木様は、結婚された後、お仕事はどうされるんですか？」

「仕事ですか？　うーん、そうですね。多分、今の仕事を続けているんじゃないでしょうか？」

ここで結婚式を挙げることは明確に頭に思い浮かべることができるのに、結婚後に自分がパソコンのインストラクターとして働いている姿は、なぜだかイメージできなかった。それは、そのときの私にとっての大きな目標が、彼との幸せな結婚式だったからなのかもしれない。

悩んでいる私を見て、田村さんが不意に突拍子もない提案をしてきた。

「ここで、我々と働くっていうのはどうですか？」

「え？？？　えぇぇぇっ!?」

私は大声を上げて、立ち上がった。驚く私を見ながら、田村さんはいつもと同じようにニコニコしている。

「いえね、青木様って結婚式に対してやりたいことが明確ですし、お客様としてここにいらっしゃっているのに、他のお客様に対して配慮もされる。行動力、結婚式への熱い想い、それらを考えると、この業界に向いているんじゃないかなと思いまして」

「よろしくお願いします！」という言葉が出かかっていたが、そこはぐっとこらえた。

独身のときであれば、自分のことは自分一人で決めればいい。しかし、あと数カ月で私は結婚をして、家族ができる。だから一人で答えを出してはいけない。相談しなければと思ったのだ。

ただ、それまで不明確だった未来の自分の姿が、田村さんの提案で一気に明確になった。あのチャペルで結婚式をしている自分をイメージできたように、そこで働く自分の姿は、思ったよりも簡単に思い描くことができたからだ。

冷静な母親の対応と自分の気持ち

その日あったことを、私はまず母親に電話で相談することにした。だが、母親の反応は、私が思っていたものとはまったく違っていた。「ダメに決まっている」と思い切りたしなめられてしまったのである。

結婚式場の話をしている時、母親はとても楽しそうに話を聞いてくれていた。だから、私の将来の進路も同じように賛成してくれるかと期待していたのだが。

ブライダル業界なんて、不安定でいつ仕事がなくなるかわからないというのが、母親の懸念であった。


式場に賛成してくれた母親から、猛反対を受けて、私は自信をなくしてしまった。だからなのか、私が湘南セント・ラファエロチャペルに夢を見過ぎているだけなのかもしれないという後ろ向きな気持ちが出てきてしまっていた。たまに行くから、素晴らしいところが見える。しかし、毎日お客様を迎える側に立つと、おそらく見えてくるものもまったく違ってくるということなのかもしれない。

「自分がチャペルで働いている姿がイメージできたのにな……」

私がそう言うと、母親は受話器の向こうでため息をついた。

「アンタって昔から、こうと決めたら言うことを聞かない子だったからね。だったら、まず社長に会ってきなさい。社長を見れば、大体その会社がどういうところかわかるでしょ」

諦めきれない態度を見せる私に対して、母親が提案したアドバイスだったが、意外と的を射ているのかもしれないと思うようになった。社長に会えば、すべての問題が解決する。私は、自分の気持ちの中にあるモヤモヤしたものの突破口が見えた気がして、その翌日にまたチャペルへ行こうと決めたのだった。

結婚式を挙げる前に入社した理由

翌日。私は電話で田村さんに会いに行くことを告げ、午後には湘南セント・ラファエロチャペルに向かった。正面入り口で、いつも通り田村さんが笑顔で出迎えてくれた。

「二日連続で来てしまってすみません」

「いえいえ、青木様ならいつでもお越しいただいていいですよ」

こうやって何でも受け入れてくれる姿勢も、私がこの場所を好きになった理由の一つのように思えた。私も、もしこの場所で働くことになったら、お客様に合わせた接客をしたいと思った。ロビーから打ち合わせスペースに移動してお茶を用意してもらうと、私は母親と話し合った内容を率直に田村さんに伝えた。

「この会社の社長さんに会いたいと思うのですが、それって可能ですか？」

「社長……ですか……」

これまで何でも「いいですよ」とか「いいですね」と言っていた田村さんだったが、急に歯切れが悪くなる。

やはり一般の人が、社長に会うというのは難しいことなのか……と思ったときだった――。

「申し訳ございません。今まで隠しているつもりはなかったのですが、私が社長なんです」

「えっ、えええぇぇぇぇぇ!?」

そのとき、私はあまりの驚きで、ここ最近、上げたこともないようないちばん大きな声を上げてしまった。その衝撃は、ここで働かないかと誘われたときよりも大きかったからだ。

また、田村さんとは1月に会ってから、何度も顔を合わせているが、社長というそぶりは一度も見せたことがなかったからだ。

「あ、あの……冗談ではないですよね?」

「はい。営業をしているときに社長の名刺を渡すと戸惑われる方もいらっしゃるので、青木様には営業用の名刺をお渡ししましたが、こちらが私の名刺です」

そう言って田村さんは役職名のところに『代表取締役社長』と書かれた名刺を私に渡してくれた。

「……本物」

私は一気に力が抜ける想いだった。半年以上も親身になって付き合ってくれた人が、まさかこの会社の社長とは。当時、自分が勤めている会社であれば、お客様がいきなり社長に会いたいと言っても、おそらく会えないだろう。そんな気軽な存在じゃないというのが、社長なのだから。

「驚きましたよね？」

「驚きました……でも、なんで社長が自ら営業なんてしているんですか？」

私は素朴な疑問を口にしてみた。

「それは……現場に出ないと、お客様の本当の気持ちが見えてこないからです。今は営業をしていますが、他のポジションで顔を出すこともあります。青木様は当教会のチャペルも本当に気に入ってくださっているし、お客様の立場になってものが考えられると思ったので声をかけました」

田村社長の言葉を聞いて、私の決心が固まった。

「私、ここで働きます！　どうぞよろしくお願いいたします!!」

こうして私は自分の式を挙げる前に、クリスタルインターナショナルへの入社を決めたのだった。それはまだまだ夏の暑い盛りである8月。自分の結婚式の3カ月前のことだった。

新婦として、スタッフとして託された使命

入社をすると決めてからは展開が早かった。私はすぐにパソコンのインストラクターを辞め、湘南セント・ラファエロチャペルでの仕事を始めた。もちろん自分の結婚式まで3カ月を切っていたので、そちらの準備もある。

私が初めに配属されたのは「企画」だった。自分が結婚をするとしたら何が欲しいのか、何があったら嬉しいのかを考えては提案をするという業務である。

例えば、その当時チャペルには鐘があったが、そこにあるだけで実際は鳴らしたりはしなかった。鳴らすために置いているわけではなかったのかもしれない。そこで社長に「鐘を鳴らしたほうが花嫁としては嬉しい」と伝えると「いいですねー」と言ってすぐに承諾してくれた。だが、実際に鳴る鐘を設置するために必要なことを調べたり、手配するのは、もちろん、すべて自分である。しかし、自分の提案が実現していくのは、とても楽しく、仕事にや

り甲斐を感じていた。

他にも、バージンロードはあったが、キャンドルはなかった。バージンロードにキャンドルを置くためにはまず、キャンドルホルダーが必要だ。そのことを伝えると社長はやはり「いいですねー」と答えてくれた。もちろん、キャンドルホルダーの業者を探し、施行の手配をするのは私の仕事である。時には実現するには困難も伴ったが、改善を重ねることで一つずつ、解決していった。

2001年頃の結婚式というのは、身長の数倍ある背の高いウェディングケーキを飾り、新郎側の友人が祝辞を述べ、新婦側の友人が歌を歌ってお祝いをする披露宴が主流だった。今のような自由さがそれほどなく、誰の結婚式に行っても同じ形だった。

私はそれが当時から疑問で、自分の結婚式は自分らしさを出したいと思っていたし、やりたいことがあるなら実行すべきだと思っていた。

11月のクリスマスチャペル

10月になり、いよいよ結婚式まであと1カ月となった。私は湘南セント・ラファエロチャペルで企画の仕事をしながら、自分の結婚式のためにも奮闘していた。そんなとき、ふとあるエンターテインメントパークの広告を見かけた。そこでは、11月からクリスマス仕様になると書かれていたのだ。

今では11月になれば、商店もデパートも、街全体がクリスマス一色になるが、当時は11月の末か、12月に入るまではクリスマスを前面に出すことはなかった。

私が結婚式を挙げるのは11月17日。もう少し遅ければ、クリスマスに彩られたチャペルで結婚式を挙げられるのだが、少し時期が早かった。

だけど、この頃にはすでに、提案をして自分が動いて手配ができれば、希望が通りやすいということがわかっていたので、私は思い切って早めのクリスマス挙式にしたいと提案した。結果は「OK」。私は急いで自分の挙式のための準備をスタッフとして始めた。

まだ一般にはクリスマスの演出を前面に出していない中、私の結婚式は異色だった。しかし、実際にクリスマスが好きな新婦は多いし、11月であっても間もなくやってくるクリスマス仕様の式を挙げたいと思う人も多いと実感していた。

そしていよいよ結婚式当日。ロビーに飾られたクリスマスツリーを、私は恋人から、この日夫となる人と一緒に眺めていた。

「ここに来てから、いろんなことがあり過ぎたけど、ようやく私たちの結婚式が始まるんだね」

「そうだな。今年の正月にここに見学に来たときに、まさか純子がここへ入社するなんて思いもしなかった」

私たちは顔を見合わせて笑う。お互いにすでに着替えを終え、本当に特別な空間にいるような感覚だった。

「純子はここでの仕事が本当に楽しそうだよな」

「うん。やり甲斐もあるし、何よりも私は結婚式が好きだから。私たちの結婚式を終えても、まだまだ結婚式に携われることがとても嬉しいの」

私がそう言うと、夫は私の手をギュッと握った。

「純子のそういうところを近くで見ていたせいかな、俺も結婚式がとても好きになったよ」

私は自分のことを理解してもらえたと思って嬉しくなる。

「それでは、そろそろゲストも来る頃だし控室へ行きましょう」

夫の手を握ったまま歩きだそうとすると、

「あ……その前に一つだけ」と夫が、報告することがあると言ってきた。

「実は俺も、ここに入社することにした。年明けからだけど」

「えぇっ⁉」

私は驚いて大きな声を上げる。

「だから、これからは同僚としても、よろしくな」

夫はそう言って微笑むと、私の手を引いて歩きだした。

湘南セント・ラファエロチャペルに恋をして

ここにいると、本当に驚くことばかり起きる。だけど、どれも嫌なことではない。良い驚きばかりだ。

私は本当に幸せで楽しくて、一生の思い出といえる結婚式を挙げることができた。だから、ここで挙げる結婚式は、すべての新郎新婦が「幸せだー！」と思わず声を上げてしまうような式にしたいと思っている。

お二人の結婚式は一生に一度のもの。だからこそ、私はお二人に会ったときには、お二人だからできる結婚式になるように精一杯努める。たくさんある結婚式の一つではなく、その新郎新婦のお二人の結婚式に携われたことを誇りに思いながら、今日もここ湘南セント・ラファエロチャペルで私はお客様を迎える。

二人だから起こる結婚式の奇跡を信じて。

青木純子

湘南セント・ラファエロチャペル

自身の結婚式の見学で「湘南セント・ラファエロチャペル」を訪れたことが、クリスタルインターナショナルとの出合いである。打ち合わせを重ねるうちに当社を好きになり、結婚式を挙げる前に入社。入社後は、企画、フロント、経理業務をはじめ、新規出店のサポート業務、教育係を経て、現在「湘南セント・ラファエロチャペル」にて、支配人補佐として勤務。

Column

クリスタルインターナショナルのこだわり 6

世界に一つだけのウェディングケーキ

ウェディングケーキといえば、白いクリームが塗られた塔のようなケーキを思い浮かべる方も多いのではないでしょうか？　正直なところ、当社でも開業して間もない頃は、どこにでもあるような独創性のないウェディングケーキを作っていました。しかし、今では同じ形をしたウェディングケーキは一つとしてありません。

世界に一つだけのウェディングケーキ作りを志したのは、今から22年前のことです。当時の結婚式は決まりきったスタイルで、今のように自由なプランもコンセプトもありませんでした。当然、ウェディングケーキに個性を出すという発想すらない時代です。

「結婚式はもっと自由でもいいのではないか、ウェディングケーキもイベントの一つと考えてもいいのではないか」と思い、従来とは異なるウェディングケーキを5種類作りました。ケーキを楽しそうに選ばれるお客様を何組も見ているうちに、個性のあるウェディングケーキは喜ばれると確信したのです。

それからしばらくは、５種類のウェディングケーキの中から選んでいただくという形式を取っていましたが、お客様のほうから、「こういうケーキが作れるんだったら、こんな形のウェディングケーキを作ってもらうことはできますか？」と相談を受けることが多くなり、少しずつ個性を取り入れていくというスタイルに変わっていったのです。

次第に、お客様のほうから完全オリジナルのウェディングケーキを要望されるようになり、現在のスタイルになりました。

今のクリスタルインターナショナルのウェディングケーキしか知らないお客様からすると、初めから完全オリジナルのウェディングケーキを作っていると思われているのですが、もともとは、お客様のご要望を受けているうちに変わっていったというのが真実です。

お客様のことを第一に考えているからこそ、夢と希望を叶えてあげたいのです。これが、当社の譲れないこだわりです。

第7章

両親の夫婦愛を蘇らせた結婚式

——新しい未来の始まり

営業戦略室
佐藤侑実

これは、私がプロデューサーになって2年目の頃に出会った、ある新郎新婦のお話である。私たちは時として、新郎新婦だけではなく、そのご家族の人生に深く関わることも少なくない。

新郎新婦との出会い

「えーっと、次は、ご新規のお客様のお出迎えやったな」

窓の外は桜の花びらが美しく舞っていて、ゆったりと時間が流れているのに、桜を眺める余裕すらなかった。仕事に慣れることもなく、時間に追われない日はなかった。

私はエントランスへと急ぐ。まだお客様が到着していないのを確認し、ほっと一息つく。呼吸が落ち着いてくると、周りをキョロキョロとしている一組のカップルが現れた。

「このへんやんな」

「そうそう、前来た時もこんな感じの場所を通った気がするし」

私はこのお二人が、これから打ち合わせ予定の三浦様たちだと確信し近づいていく。

「三浦様でしょうか？」

私が声をかけると二人はパッと明るい表情になった。

「はいそうです！」

「よかったー。たどり着いたー」

お二人はお互いの顔を見て笑い合う。とても仲の良い印象だった。

「お待ちしておりました。今回担当をさせていただきます佐藤侑実です。よろしくお願いいたします」

「よろしくお願いします！」

私はお二人を打ち合わせスペースまでご案内した。


打ち合わせスペースに着くと、三浦健司様と高橋美紀様は部屋の中にある調度品に興味があるのか、キョロキョロと周りを見回していた。打ち合わせ前にも感じたことだが、お二人は好奇心旺盛なカップルなのだろう。

「お話をする前に、何か飲まれますか？」

「え、そうですね。美紀はようしゃべるから、飲みもんがあったほうがええやろし」

「ちょっとぉ、健君〜？」

「あはは、冗談やって」

お二人はじゃれ合いながら希望の飲み物を告げると、それらが来るまで談笑していた。

しばらくすると、飲み物が運ばれてくる。ここで、私は本題を切り出した。

初回の打ち合わせでは、まずはお二人のプロフィールを中心に聞いていくことにした。改めてお二人のプロフィールを聞くことは、私たちにとってもとても重要なことだ。なぜならば、どのような結婚式にしたいのか、というお二人の想いを聞くことができるからである。

お二人と話をしてわかったことは、彼女がとても幸せな家庭に生まれ、愛情のある両親に育てられたということだった。彼女の話を、彼も笑顔で聞いていた。しかし、彼は時折、表情を曇らせることがあった。

「それで、三浦様のご家庭は、どんな雰囲気ですか？」

私が聞くと、彼は一瞬ためらってから、私に笑顔を向けた。

「うちは普通の家庭ですよ」

その言葉に、複雑な事情でもあるのだろうかと思ったが、今すぐ聞き出す必要はなさそうだった。お二人とはこれからも何度も打ち合わせを重ねていく。心を開いてくれたタイミングで、話しをしてもらえればいいのだから。

新郎の心に引っかかっているもの

数日が過ぎ、お二人との３回目の打ち合わせの日がやってきた。その日の打ち合わせでは披露宴の出席者の席決めをすることになっている。ここで、お二人がどんな関係者を呼ぶのかが決まるというわけだ。

「まずは、ご親族の方からどなたを呼ぶのかを教えてください」

私がそう言うと、彼女は指を折りながら一人ひとりの名前を挙げていく。私はその名前を聞きながら、手帳に書き出していった。

「わかりました。皆様は、美紀様のご結婚を祝福されていらっしゃるんでしょうね」

「えへへ。そうなんです。もう今から、披露宴でどんな出し物をしようかなんて言ってるんですよ。まだ頼んでもないのに」

彼女は本当に幸せそうな表情でそう言う。だが、その隣で少しだけ顔を曇らせている彼のことが気になり、声をかけた。

「三浦様のご親族はどなたが来られますか？」

「えっと……」

彼は私と彼女を見て、うつむいた。言葉を探しているようだ。

「あの、実はうち、親父がいないんです。美紀の家族の話を聞いた後で、話すような内容やないんやけど……」

彼の声が小さくなっていくと、彼女が優しく、彼の肩に自分の肩を寄せていった。

「私にも健君の話、聞かせてくれへん？」

「美紀……」

「話してや。な？　健君。私もあんまり聞いたことなかった」

「ありがとう」

おニ人は互いの視線を合わせてから、真っすぐ私を見た。

「両親はもともと仲が良かったんです。でも俺が高校の時、やりたいことが見つかって、これまでめざしていた大学とは違うところに行きたいって言ったら、母親は賛成してくれました。俺の好きなようにやったらええって言って。でも、親父は……」

「反対したん？」

彼女が相づちを打つように彼に質問する。ここは私が質問をするよりも、彼女に会話をリードしてもらったほうがいいと思い、静かに聞くことにした。

「あぁ。めちゃくちゃ反対された。それがきっかけで、二人の仲が悪くなって、親父は家に寄り付かなくなったんや。だから、俺のせいなんや。二人の仲が悪くなったんわ」

「健君……」

彼は彼女を安心させるかのように、少しだけ優しく微笑んだが、すぐに深刻そうな表情に戻ってしまった。

「ただ、二人はまだ離婚はしていません。もう何年も顔を合わせてへん状態やけど。たぶん、二人は俺のことを想ってそうしているんやと思います。けど、俺が結婚して家を出たら、母親も一人暮らしになるんで、その時に離婚するんやないかと思ってるんです」

息子の結婚の直後に両親が離婚する。自分が二人の仲を悪くした原因だと考える彼にとって、それはあまりにもつらい話だ。自分はこれから家庭をもち幸せになろうとしているというのに、両親は孤独になってしまうのではないか。

「三浦様は、ご両親に仲直りをしてほしいのですね」

「……はい」

弱々しいけれど、しっかりとした返事だった。私は一つ、心に決めた。お二人が幸せな結婚式を迎えられるように、三浦様のご両親の仲も取りもとうと。人の心は、他人にどうにかできるものではないが、何もせずに放っておくことはできなかった。

「わかりました。それでは次のお打ち合わせなのですが、会場見学をしていただきたいと思います」

「会場見学ですか？」

三浦様と美紀様が顔を見合わせる。

「はい、チャペルの会場見学です。その時に、お二人ともご両親を呼んでくださいますか」

「えっ!?　うちもですか？」

三浦様は驚いた表情をしてから、美紀様を見る。

「ええ、もちろんです。お父様に連絡はできますよね？」

「はい、二人では会ったりしてるんで」

「ではお願いします。そうそう、会場見学をする時には、ご新郎ご新婦様とご両家のご両親の6名で行なうのが普通だとお伝えくださいね」

私はそう言ってニッコリと微笑んでみた。私の言葉の意図を理解したお二人は、顔を見合わせて「はい！」と元気よく返事をした。

過ぎ去った月日を取り戻す

チャペルの入り口で私と三浦様、美紀様の三人で待っていると、最初に現れたのは、三浦様のお母様だった。お母様は私に挨拶をすると、お二人に話しかけ始めた。次に現れたのは、美紀様のご両親だった。お二人は本当に仲が良く、寄り添いながら現れた。お母様は「来たわよ～」と美紀様に言ってから、三浦様のお母様にもご挨拶をした。その後は、お二人でチャペルの入り口に飾ってある調度品を見ては、楽しそうに何か話している。誰の目にも仲の良さがわかる雰囲気があった。

「仲の良いご両親ですね」

と私が言うと、

「恥ずかしいです。家でもずっとあんな感じでべったりなんですよ……でも、私も健君とあんな夫婦になりたいです」

美紀様は優しく微笑む。

「お二人なら、なれますよ」

「ありがとうございます！」

私と美紀様が話していると、少し遅れて三浦様のお父様が現れた。

「申し訳ございません。少し遅れました」

「いいえ。大丈夫ですよ」

私が挨拶をしに行くと、彼が隣にやってきてお父様と話を始める。聞いていた通り、彼を介せばご両親の仲はさほど悪いようには見えない。


全員がそろったところで、チャペルへとご案内をした。新郎新婦のお二人と新婦のご両親は、それぞれ二人並んで仲良く歩いていたが、新郎のご両親だけは離れて歩いていた。別々に暮らしていた時間が長いだけに、何を話せばいいのかわからないのかもしれない。

チャペルへの扉を開くと、美紀様とご両親は目をキラキラさせて、あたりを見回している。

「こちらは本物のステンドグラスを使っているんですよ。海外から取り寄せたものばかりです」

「すごいですね！」

「私ももう一度、結婚式を挙げたくなったわ」

美紀様のご両親は、いつの間にか腕を組んで寄り添っている。美紀様は以前、三浦様とこのチャペルを見ているが、何度見てもステキだと思ってくれているようで、自然と顔はほころんでいた。だが、彼だけはチャペルの雰囲気にのまれず、それぞれ離れた所に佇んでいるご両親を見ていた。

「せっかくですし、少しだけ立ち位置の練習をしてみますか？」

私がそう言うと、美紀様のご両親は喜んで賛成してくれた。実際には、新婦側のお父様はリハーサルを行なう必要があるが、新郎側のご両親は何もする必要がない。

「ご新婦様のお父様とお母様は、こちらの席に座っていただいてもよろしいですか？」

私はまずは美紀様のご両親に話し掛ける。

「ここか」

「あらーいいわね！　なんかドキドキするわ」

美紀様のご両親はさらに楽しそうにしている。次に私は、今も離れて立っている三浦様のご両親に話し掛けた。

「ご新郎様のお父様とお母様は、こちらの席にお座りいただいてもよろしいですか？」

お二人は指定した場所ではあるものの、間に一席空けて座った。隣に座ることも嫌がるとは、お二人の間にある溝はかなり深そうだ。

その後も、私は事あるごとに、三浦様と美紀様のご両親を呼んだ。衣裳の打ち合わせや試食会、前撮りなどを行なうために。通常は新郎新婦のお二人だけでいいものだが、「ご両家のお父様とお母様もいらっしゃるのが普通ですよ」と言って呼び出した。

美紀様のご両親はすべてが楽しいようで、一緒になって嬉しそうにしている。一方、三浦様のご両親は相変わらず居心地が悪そうだ。それでも、打ち合わせには嫌がらずに毎回来てくれている。

こんなにも頻繁に息子の結婚式の準備で顔を合わせることは、思いもしなかったに違いない。しかし、打ち合わせの度に、仲の良い美紀様のご両親と顔を合わせたこともあり、三浦様のご両親の間にも少しずつ会話が生まれ始めた。次第に、美紀様のご両親のようにお二人肩を並べて歩くようにもなっていった。

結婚式での最後の仕掛け

結婚式当日の朝、私は三浦様と一緒に考えたサプライズの準備に取り掛かる。彼のお父様がお着替えをしている部屋の前で深呼吸してから、ドアをノックした。

「失礼します」

「あぁ、佐藤さん。今日は息子たちの結婚式をよろしくお願いします」

お父様は、お母様と一緒にいるときは無口になるが、彼と二人でいるときや私といるときは気さくに話し掛けてくれる。

「はい。最善を尽くします。それにしても、今日は楽しみですよね。小さい頃のことを考えたら、やっぱり嬉しいんじゃないですか？」

私がそう言うと、お父様は目元を緩めて微笑んだ。

「ええ、そうですね。あんなに小さかった健司が結婚するんですもんね」

「私、健司様からお父様への手紙を預かっているんです」

「手紙ですか？」

「お父様にだけ書いたそうですよ。これを読んでから控室に来てくださいね」

私は手紙を渡すと、お辞儀をして部屋を出た。ご親族の控室に入ると、三浦様のお母様はすでに着替えを終えて寛いでいた。

「佐藤さん。今日はよろしくお願いします」

「はい。最善を尽くします。ところで……」

私は「お母様への手紙を健司様から預かっているんです」と言って渡した。ご両親それぞれに宛てた手紙には、自分が二人の仲を悪くさせてしまったという、後悔の言葉が書かれている。

控室から出ると、ちょうど新郎新婦のお二人に会うことができた。

「手紙、受け取ってもらえましたか?」

「もちろんです。お二人とも読んでいるところですよ。次はチャペルでのリハーサルです。行きますよ!」

私がそう言うと、お二人は顔を見合わせて力強く頷いた。

三浦様のお父様とお母様を、誰もいないチャペルに呼び出した。

「あれ？　まだ誰も来ていないのですか？」

「準備に手間取っているのかもしれませんね。先にあちらの席でお待ちいただいてもよろしいでしょうか？」

ご両親は示された場所に向かって、しぶしぶといった様子で歩きだした。私はチャペルを出て、外から中をのぞく。

実は、お二人をチャペルにお呼びする前に、私は家族３人で写っている写真を何枚か挟んだアルバムを席に置いておいた。アルバムに気付いたお二人は目を丸くして驚いていたが、過去を懐かしむようにページを一枚一枚めくっていく。会話も弾んでいるようだった。私はその姿を確認すると、三浦様たちの控室へと向かった。

「本当ですか！」

ご両親の様子を三浦様に伝えると、お二人は、サプライズがうまく進んでいる意味を込めてハイタッチをした。

「披露宴会場のお父様とお母様の席には、ご家族の思い出の写真を一枚飾っておきました。私たちができるのはここまでです。あとは三浦様にかかっています」

三浦様は、私に強いまなざしを向けた。

「わかっています。精一杯やります！」

「私も応援してるからね！」

「ありがとう。美紀」

あの思い出をもう一度

披露宴が始まり、サービススタッフが各テーブルに料理を運ぶ。ご新郎家のテーブルを任されたスタッフに、私はあるお願いをしていた。

「パンのお代わりはいかがですか？」

「もらおうかな」

三浦様のお父様がそう答えると、サービススタッフはテーブルに置かれている家族写真をじっと見つめた。そこには、3歳の三浦様と手を繋ぐお父様とお母様がいた。いい笑顔だ。

「とてもすてきな写真ですね。3人ともいい表情をされていますし」

「動物園に行った時の写真ね、懐かしいわー」

そう話すお母様の隣で、お父様もにこやかな表情をしていた。

「こんなふうに親子３人で手を繋いで歩くことも、大人になるとありませんよね。いい思い出ですね」

そう伝えると、スタッフはテーブルを離れて私に合図を出した。私はその合図を受け取り、司会者の近くへと移動して指示を出した。

ケーキ入刀が始まると、会場内の視線が三浦様たちに向けられる。まもなく、三浦様たちがお色直しのために中座する時間だ。美紀様は仲の良い妹様と一緒に中座すると決めていたが、三浦様は決めないまま当日を迎えていた。


私は三浦様の近くに移動して、司会者からの合図を待つ。

「新婦様は中座されましたが、新郎様はどなたにエスコートをされたいですか？　今ここでご指名ください！」

私は三浦様にマイクを渡す。三浦様はゆっくりと頷いてからマイクを取り、お父様とお母様のほうを向いた。

「おかん！　んで……おとん！」

その言葉に会場内がどっと沸く。お父様とお母様が恥ずかしそうに前に出てくると、司会者はすかさずマイクを三浦様に向けた。

「新郎様。どのように3人で歩かれますか？」

三浦様はお父様とお母様の間に入り、お二人の手を取った。3人はゆっくりと退場口に向かって歩きだす。

「なんやこれー！」

お父様が照れ隠しでそう言うと、また会場にどっと笑い声が響いた。お母様は、繋いでいないほうの手で涙をぬぐっていた。私は、テーブルの上に置いていた写真を手に取って、ゲストに見せながら3人をエスコートした。


退場口に着くと、3人は振り返ってゲストに深々とお辞儀をした。

「楽しかった、幸せだった、人生の両側には、いつもお父さんとお母さんがいてくれました。最近は3人で歩くこともなかったから、今日は昔のように3人で手を繋いで歩きたい。これが新郎様たっての願いです」

と司会者が新郎様の声を代弁して言うと、会場内から割れんばかりの拍手が湧き起こり、3人はまたお辞儀をし、会場の外へと出ていった。

私は、会場の外で3人にカメラを向けた。真ん中には新郎様がいる。あの頃と変わらない3人の笑顔を見た。

すべての結婚式にサプライズを

披露宴も佳境に入り、お二人からご両親へプレゼントを渡す。新郎様は、お父様とお母様にお茶碗とお箸のセットをそれぞれに渡した。私は新郎様にマイクを向けた。新郎様は、参列者へのお礼の言葉を述べると、ご両親のほうへ向き直した。

「お父さん、お母さん。今日は来てくれてありがとう。俺、二人のことが本当に好きや。俺を育ててくれてありがとう。あと、さっき二人にあげたお茶碗とお箸のセットやけど、あれはお父さんとお母さんのものじゃないで。僕と美紀のものや。だから……週末になったら遊びに行くから、いつも四人でご飯を食べような！」

手紙を読み始めると、お父様とお母様は泣きだしてしまった。自分のせいで二人の仲が悪くなってしまったことをずっと後悔している、と新郎様は伝えた。

週末に四人でご飯を食べるということは、母親と父親が共にいるということを意味している。事情を知っている者にしかわからないが、新郎様がずっと伝えたかった想いは、こうしてご両親の胸に届いていった。

お二人の結婚式だけが特別ではない。新郎新婦の数だけ物語がある。人生の転機になるような結婚式を、クリスタルインターナショナルで実現してほしい。

佐藤侑実

営業戦略室

大学卒業後、プロデューサーとして「モンサンミッシェル大聖堂」に配属。リーダー、副支配人、支配人を経験し、現在は、営業戦略室（本部）に在籍。スタッフへの指導や人材育成、採用活動を行なう。

Column

クリスタルインターナショナルのこだわり 7

200年続く本物の教会を

クリスタルインターナショナルのチャペルに置いてあるものは、すべてが本物です。約20年前に、ロンドン、ローマ、パリを訪れて本物の教会を見た時の衝撃は、今でも鮮明に覚えています。日本にあるチャペルが、いかに本物とはかけ離れたものか思い知らされました。ノートルダム寺院がサッカー場よりも広く、天井は30mを優に超える高さだということを知っていますか？　室内はステンドグラスに囲まれていて、その美しさに見とれてしまうほどです。日本にはまだない教会を造ることができれば、結婚式を挙げる新郎新婦にとって、一生の素晴らしい思い出になるに違いないと感じました。

その後もイタリア中の教会を見て回りました。すでに、ステンドグラスとパイプオルガンは本物を使いたいと思っていたのですが、現地の方からは、すべてを本物にしたほうがいいというアドバイスを受けました。そこで、バチカンで使われていたテーブルと椅子を輸入することに決めたのです。

バチカンの説教台は漆が使われていたため、日本の高温多湿に耐えられるのかを心配していましたが、実際に日本で配置してみると、まったく問題はなく今もそれを使っています。

チャペルを造るなら、アンティーク・ステンドグラスを使いたいと思っていたのですが、価格が非常に高くて、一度断念したことがありました。現在作られているステンドグラスとは、値段がまったく違います。200年以上前は、画家がステンドグラスを作っていたため、現在と比べると絵の質がまったく違うのです。当時使われていた色を、現代の技術ではまだ再現できないということもあって、稀少価値が非常に高いのです。

一時期は、稀少価値の高いアンティーク・ステンドグラスの価格は高騰し続け、入手が困難にもなっていました。それでも、アンティーク・ステンドグラスを欲しがる人がいたということでもあります。

そもそも、ステンドグラスというのは、神の意思は光で表されるというのがキリスト教の教えであり、それを物質化したものです。そのため、教会にあるステンドグラスは基本的には売買できるものではありません。ただし、教会が資金難に陥った時に取引された経緯もあって、一般には出回りにくい代物ということになっていました。

そんな頃、知り合いからステンドグラスの販売会があると聞かされ、向かってみると、そこにあったステンドグラスは以前欲しいと思っていたものでした。これは巡り合わせだと思い、迷わず購入しました。

それが、「湘南セント・ラファエロチャペル」の正面にあるステンドグラスなのです。

クリスタルインターナショナルでは、パイプオルガンにもこだわっています。楽器は楽器そのものよりも、演奏者によって音色が変わるものだという認識をされている方もいますが、パイプオルガンに関していえばそれは嘘《うそ》です。

イタリアで教会巡りをしていた時、案内をしてくれた方が本物のパイプオルガンを見せてくれました。案内された教会に入った瞬間、パイプオルガンの演奏が始まったのです。それは鳥肌が立つほど素晴らしいもので、感動という言葉が陳腐に聞こえるほどすごいものでした。

演奏が終わった後、奏者から、パイプオルガンは奏者の腕ももちろんだが、本物と偽物ではまったく音色が違うということを教えてもらいました。その場で交渉をし、ついに購入したのです。

日本で本物のパイプオルガンを使っているチャペルは珍しいと言えるでしょう。これには理由があります。

パイプオルガンは、建物によって形が違うものです。つまり、チャペルの建設中にパイプオルガンを取り付ける必要があるため、他の教会ではなかなか取り入れることができないのです。普及しないもう一つの理由は、日本にはパイプオルガン奏者が少ないということです。

パイプオルガンの設置や奏者の手配、それらにかかる費用や手間を考えると、諦めざるを得ないのが現実です。

それでも、当社が本物のパイプオルガンを手に入れたのは、あるイタリアの小さな教会で聴いた本物のパイプオルガンの音を忘れられないからです。その音色とステンドグラスの光の共演が、本当に素晴らしかったからというのもあります。

「お客様に最高に幸せな一日を創る」というのが当社の使命です。それを実現させるためには、本物を使うという選択肢しかありません。本物はなんであれ、そこにあるだけで人を感動させる力があります。

おわりに――ウェディングに恋をして

様々なウェディングの形をご覧になって、いかがでしたか？

結婚式を挙げる事情は人それぞれです。私たちが、結婚式という人生の一大イベントに最初から最後まで、その当事者となって関わる機会は、それほど多くはないはずです。

もちろん、友人や知人、仕事関係の方の結婚式に呼ばれることもありますが、当事者でない限り、式を挙げるまでの経緯やそれまでに起こる出来事や挙式当日の出来事は、詳細に見えてこないものです。

しかし、本書でご紹介した通り、それぞれの新郎新婦には、結婚式に至るまでの様々な事情や想いが存在しています。ご家庭の事情もあれば、ご本人の事情もあるでしょう。その様々な事情を乗り越え、自分たちの想いを実現したものが、私たちが、日々お手伝いしているウェディングなのです。

ウェディングは必ずしも最初から最後まで「ウキウキで楽しいもの」とは限りません。もちろん、中にはチャペルの見学に来られたときから結婚式を挙げるまで、ずっと仲が良くて、何も問題は起きず、幸せなウェディングになることもあります。しかし、改めて考えてみると、そういった結婚式は稀かもしれません。

ウェディングはお二人が幸せになるために行なうものでもあり、大切な人たちにこれまで言えなかったことを伝える場でもあり、これから二人で生きていくということを伝える場でもあります。新たな人生の門出であり、そのための決意表明の場でもあるわけです。これまでしていなかったことを、初めてするのですから、そこに何かが起きてもおかしくはありません。

結婚式を無事に挙げることができるのか葛藤されている新郎新婦はたくさんいらっしゃいますし、挙式に際しての悩みも皆さん同じではありません。ですが、じっくり話しをしていけば、その葛藤や悩みを少しでも和らげることができる立場に私たちはいると思っています。

ウェディングには「こういうふうに接すれば正解」というようなマニュアルは存在しません。前例のない個別の事情を抱えていらっしゃる新郎新婦には、真正面からとことん接すること以外に正解はありません。
それは、傍から見るととても大変なこと、なのかもしれません。

ですが、誠実に接していれば、その真心が相手に伝わり、中には「ここで結婚式を挙げて本当によかった！」とか「子どもが出来たら、子どもにもここで結婚式を挙げてほしい」というような嬉しい言葉をくださる方もいらっしゃいます。

人のためにお役に立てたという気持ちは体験した人しかわからないかもしれません。ですが、一度でも味わうと、もっと新郎新婦のために自分ができる最大限のことをしていこうという気持ちになることができます。

私はクリスタルインターナショナルを立ち上げてから、一つだけ確信していることがあります。それはここで働いてくれているスタッフ全員が、新郎新婦のことを何よりもいちばんに考えているということです。

プロデューサーをはじめ、コーディネーター、料理人、サービス担当、フラワーコーディネーター、コスチュームアドバイザーに至るまで、それぞれが、それぞれの立場で、自身のできる最大限のことを考え、実行しています。

なぜ、おのおのが、そうした行動ができるのか？

それは、誰かに言われたから何かをするのではなく、新郎新婦に最大限の満足をしてもらうために自分で感じたり、考えたことであれば、私はほとんどのことに対してＯＫを出しているからです。

この会社では、新郎新婦のためになるなら、してはいけないことなんて一つもありません。そして、弊社にいるスタッフたちは全員がそういう気持ちをもっています。私は本当に人に恵まれているなと感じているところでもあります。

私たちは夢に向かって、歩み始めたお二人を見守る、とても光栄な役割を担っています。

もちろん、働くということは、楽しいことばかりではありません。しかし、他人の喜びを自分の幸せにできる人であれば、この業界にきっと向いているはずです。

もしブライダル業界に興味が湧いたら、ぜひ一度遊びに来てください。私たちの想いが詰まったチャペルをご案内させていただきます。

さぁ、皆さんも、一緒にウェディングに恋をしてみませんか？

著者

Powderly

【著者】

株式会社クリスタルインターナショナル

1994年3月、有限会社クリスタルホテルを設立。2年後の7月に「クリスタルホテル藤沢」をオープン（神奈川県 藤沢市）。2000年10月、「湘南セント・ラファエロチャペル」をオープンし、ブライダル事業をスタートさせる。
2020年3月現在、東京、神奈川、大阪に7つの結婚式場を運営し、婚礼をトータルプロデュースする。そのほか、「湘南鎌倉クリスタルホテル」、ドレスショップ「セラマジィ」の運営、婚礼附帯商品の販売やプロデュースも行なう。

【ブライダル会場】
カサ・デ・アンジェラ青山／セント・ラファエロチャペル銀座／湘南セント・ラファエロチャペル／カサ・デ・アンジェラ馬車道／セント・ラファエロチャペル横浜／セント・ラファエロチャペル御堂筋／モンサンミッシェル大聖堂

THE STORY OF LOVE（ザ ストーリー オブ ラブ）
ウェディングに恋をした7人の物語

2020年3月18日　第1刷発行

著者 ────── クリスタルインターナショナル
発行 ────── ダイヤモンド・ビジネス企画
〒104-0028
東京都中央区八重洲2-7-7 八重洲旭ビル2階
http://www.diamond-biz.co.jp/
電話 03-5205-7076（代表）

発売 ────── ダイヤモンド社
〒150-8409　東京都渋谷区神宮前6-12-17
http://www.diamond.co.jp/
電話 03-5778-7240（販売）

制作統括 ──── 岡田晴彦
編集制作 ──── 川地彩香
装丁 ────── 村岡志津加
DTP ────── 齋藤恭弘
印刷・製本 ─── 中央精版印刷

© 2020 CRYSTAL INTERNATIONAL CORPORATION
ISBN 978-4-478-08476-2
落丁・乱丁本はお手数ですが小社営業局宛にお送りください。送料小社負担にてお取替えいたします。但し、古書店で購入されたものについてはお取替えできません。
無断転載・複製を禁ず
Printed in Japan